ne me dites plus jamais bon courage !

du même auteur

Service compris, avec Ralph Hababou et Dominique Xardel,
éditions L'Expansion-Hachette-Jean-Claude Lattès, Paris, 1986.

Dinosaures & Caméléons, avec Ralph Hababou,
éditions Jean-Claude Lattès, Paris, 1991.

Bienheureux les Fêlés…,
éditions Robert Laffont, Paris, 2003.

Opération Boomerang,
Ventana Editions, Paris, 2013.

philippe bloch

ne me dites plus jamais bon courage !

lexique anti-déprime
à usage immédiat des français

pour contacter l'auteur

 www.plusjamais.fr

par courrier :
Philippe Bloch
4, avenue Hoche
75008 Paris - France

Par téléphone : + 33 9 50 78 36 32
Par fax : + 33 1 48 74 57 02
Par email : philippe@philippebloch.com

 @philbloch et @nemeditesplus

 Philippe Bloch et nemeditesplus

sites web :

 www.philippebloch.com

 www.bienheureuxlesfeles.com

 www.operation-boomerang.com

couverture
Conception/Illustration : David Petraz
Photo : Dahmane
© 2013 – VENTANA EDITIONS
4, Avenue Hoche – 75008 Paris – France

Aucune représentation ou reproduction, même partielle, autre que celles prévues à l'article L. 122-5 2° et 3° a) du Code de la propriété intellectuelle ne peut être faite sans l'autorisation express de Ventana Editions ou, le cas échéant, sans le respect des modalités prévues à l'article L. 122-10 dudit code.

ISBN : 978-2-919728-10-7

à Robin

« L'histoire me sera favorable,
car j'ai l'intention de l'écrire. »

Winston Churchill

sommaire

introduction 11

1/bon courage ! 21
Résignation vs. projet

2/un "petit" café et une "petite" cigarette .. 29
Médiocrité vs. ambition

3/le problème, c'est que 37
Défaitisme vs. confiance

4/pourvu qu'il ne m'arrive rien 45
Peur vs. audace

5/ce sera tout ? 55
Indifférence vs. empathie

6/vivement la retraite 63
Souffrance vs. plaisir

7/il est bien gentil... 71
Méchanceté vs. générosité

8/ça ne marchera jamais 83
Pessimisme vs. optimisme

9/dans ce pays 93
Dénigrement vs. fierté d'appartenance

10/à l'étranger 105
Xénophobie vs. ouverture

11/c'était mieux avant 113
Lâcheté vs. courage

12/on a toujours fait comme ça 123
Routine vs. Renaissance

conclusion 133

introduction

> « Le bonheur n'est pas un événement,
> c'est une aptitude. »
>
> *François de La Rochefoucauld*

introduction

Dis-moi comment tu t'exprimes, et je te dirai qui tu es. Laisse-moi découvrir tes expressions, adjectifs et mots préférés, et je te dirai quel est ton état d'esprit. Toutes les cultures ont en commun de pouvoir être décryptées à travers le langage qu'utilisent les femmes et les hommes qui les incarnent. Il suffit ainsi d'écouter les discussions qui ont lieu autour de nous pour saisir l'air du temps et comprendre une époque.

Celle que nous vivons actuellement en France est particulièrement sombre, et les conversations auxquelles nous participons chaque jour en sont une démonstration éclatante. Sans même nous en rendre compte, nous contribuons ainsi à nous miner collectivement le moral et à nous enfoncer un peu plus dans une inquiétante dépression généralisée. À force d'expressions telles que « fais attention », « ça ne marchera jamais », « le problème, c'est que… »,

« vivement la retraite », « y en a marre » et autres « bon courage » du matin, nous participons tous à une spirale infernale à laquelle il est urgent de mettre un terme.

L'idée de ce livre est née dans la rue. Ou dans un TGV. Ou peut-être dans un café. Je ne sais plus. Je me souviens simplement qu'il y avait beaucoup de monde autour de moi, et que j'avais l'impression que tous les échanges fusionnaient dans un tourbillon bizarre pour n'en former qu'un seul. Un dialogue résigné, démotivé, démotivant. Envahi de mots négatifs. Peu d'énergie, moins encore de conviction, mais beaucoup de lassitude et de morosité, voire de désespoir. Tout m'est alors apparu évident. Les Français sont tristes, et cela s'entend. Ils ont peur d'un avenir pire que le présent, et cela saute aux oreilles. Ils manquent de projets, et cela mine leur moral collectif. Sous assistance respiratoire et bientôt candidats à l'euthanasie si rien ne se passe, ils n'ont aucun grand élan durable et s'interdisent de rêver. Gavés d'antidépresseurs, ils broient du noir à tout propos, et cela devient dangereusement contagieux. Qu'elle touche les jeunes en panne d'avenir ou certains salariés au bout du rouleau, la dramatique tentation du suicide est plus forte ici que dans n'importe quel autre pays développé. Tétanisés par les menaces et les mauvaises nouvelles anxiogènes, les uns comme les autres ne voient plus ni les opportunités ni les solutions et sont incapables de repérer les succès et de les célébrer. Même par grand beau temps, ils voient ou imaginent des nuages dans leur ciel. Mais personne ne prête plus attention à leur désespoir, tant leur vocabulaire reflète à chaque instant leurs sombres pensées.

Et pourtant… Ne sommes-nous pas à la fois inquiets collectivement, mais optimistes individuellement ? Ne portons-nous pas l'entière responsabilité de ce qui nous arrive ? Ne pourrions-nous pas changer, si nous le décidions ? Ne suffirait-il pas de reprogrammer notre vocabulaire et de nous débarrasser de nos pires travers verbaux pour sortir de l'immobilisme et redevenir le grand pays que nous étions ? Ne sommes-nous pas en train de trahir ceux qui ont construit la France au fil des siècles ?

À moins que cela ne soit pas si simple… Car une autre question surgit immédiatement quand on creuse un peu cet état d'esprit dont les médias anglo-saxons adorent se moquer. Nos paroles ne sont-elles que le reflet d'une triste réalité, ou bien l'influent-elles, à l'image des célèbres prophéties auto-réalisatrices ? Le simple fait de craindre ou d'évoquer des catastrophes en permanence contribue-t-il ou non à les faire survenir ? En d'autres termes, est-ce parce qu'il y a des problèmes partout que nous sommes obligés de les commenter en permanence ? Ou bien est-ce notre obsession jouissive à les traquer en toute occasion qui explique leur multiplication à l'infini ? Sans doute de nombreux livres plus intelligents que celui-ci ont-ils déjà été écrits sur ce type d'interrogations. N'ayant nulle compétence en la matière, je vous propose de simplifier à l'extrême en partant d'un postulat qui a de grands mérites.

Considérons dès à présent que le bonheur est une décision que l'on peut prendre ou ne pas prendre. Qu'il dépend moins des circonstances de la vie que de la façon dont nous choisissons de les vivre ou de les surmonter. Que chacun de nous en a d'immenses réserves personnelles, dans lesquelles il suffirait de puiser. On peut certes ne voir que la face noire des hommes, des choses et des événements. On peut choisir d'être malheureux, au motif que la France serait en déclin ou ne serait plus à la hauteur de son arrogante mission planétaire. On peut se morfondre à l'idée que nous assistons impuissants depuis quelques années au triomphe d'un modèle universel, qui n'est plus un modèle français et que le monde a cessé de nous envier. On peut regretter que la fameuse exception française censée éclairer la planète n'ait plus d'exception que le nom, et qu'elle n'illumine plus grand-chose à l'heure de la mondialisation. On peut se lamenter à l'idée que notre suprématie industrielle et financière n'ait pas été éternelle. On peut déplorer que les pays émergents n'aient plus d'émergent que le nom, alors que l'on devrait se réjouir pour eux de cette renaissance.

On peut aussi paniquer à l'idée que nous sommes en train de vivre la fin d'un monde, et que la plupart des problèmes ont désormais une dimension planétaire. Mais on peut aussi admettre que ce n'est pas la fin DU monde. Jusqu'ici persuadé de sa capacité à dominer la nature et les événements de toutes sortes, l'homme du XXIe siècle va devoir accepter de « faire avec » l'incertitude. Une transition qui effraie d'autant plus un vieux pays comme la France qu'il est convaincu d'avoir inventé la modernité, et qu'il craint que l'avenir ne se fabrique désormais sans lui. Loin de lui. Contre lui. Un territoire tellement privilégié que ses habitants pensent avoir plus à perdre que les autres dans les innombrables bouleversements de notre époque. De là à expliquer le pessimisme outrancier de nos concitoyens, mesuré à longueur de sondages, il n'y a qu'un pas, facile à franchir. La France, ancien grand pays dominant devenu en quelques années une puissance moyenne : la pilule est dure à avaler. Ayant découvert les limites de nos actions, angoissés par l'incertitude et la peur du lendemain, nous nous figeons dans la nostalgie et nous accrochons au passé qui rassure.

Nul n'est pourtant condamné au déclin ou à la simple survie. Le monde de demain appartient aux optimistes. Ceux qui sont capables de développer une vision positive de leur existence et de conserver une vitalité juvénile. Plutôt que de désespérer de l'inaction collective, ils préfèrent se concentrer sur ce qu'ils peuvent accomplir à leur niveau, fût-il modeste. Plutôt que se dire victimes, ils se voient en acteurs du changement. Plutôt que de considérer les tracas ou les emmerdements comme définitifs, ils s'efforcent toujours de les juger provisoires et de visualiser à quoi ressemblera la sortie de crise. Au lieu de préférer les généralisations excessives et de se laisser envahir par le doute, ils relativisent et voient les choses du bon côté. Plutôt que d'en vouloir aux autres, ils font preuve de générosité à leur égard parce qu'ils ont en commun la passion de l'avenir.

La tristesse limite notre capacité d'action. Chacun sait par ailleurs que ni l'agressivité, ni la revendication ni l'arrogance n'ont jamais résolu aucun problème. Il est donc urgent de nous en débarrasser. Avant la crise, tous les regards étaient tournés vers les BRICS, ces pays dits émergents où la croissance est désormais la plus forte. Mais elle a explosé en 2008 au cœur même de Wall Street, berceau des plus riches et des mieux formés. Ce n'est donc pas une crise d'incompétence ou d'ignorance, mais bien une crise de trop grande confiance en soi. Persuadés que le monde financier avait raison, nous n'avons perçu aucun des signaux forts qui étaient devant nous, et moins encore des signaux faibles ou des déséquilibres en formation. Nous avons vécu à crédit, sans comprendre que la finance ne contrôlait plus le réel et que les États ne commandaient plus l'économie mondialisée. Jamais nous n'avons eu autant d'outils d'analyse, et jamais nous n'avons si peu compris. Nous avions prévu le probable, et c'est l'impossible qui s'est réalisé. Les élites étaient censées s'occuper de tout, et nous découvrons les limites de leur pouvoir. Elles navigueraient à vue, sur un paquebot n'allant pas dans le même sens que le reste du monde, victimes d'un aveuglement lié à des connaissances cloisonnées et incapables de relier entre eux les signaux faibles.

Or, il faut être attentif au quotidien et au banal, tout comme il faut savoir entendre et décrypter nos paroles. À défaut de pouvoir changer le monde, ce qui compte aujourd'hui est de modifier le regard que nous portons sur lui. Et donc les mots que nous utilisons pour le décrire, afin d'y vivre le mieux possible dans les années à venir. Quel que soit le contexte. Quelles que soient les crises. Quelles que soient les difficultés de la vie. Car contrairement à ce que l'on croit, le bonheur n'est pas forcément une langue étrangère. Certains philosophes le voient certes comme étant toujours triste, car il porterait en lui son propre deuil. C'est peut-être vrai. Mais nullement suffisant pour refuser d'en faire notre objectif quotidien. Car ce qui est pris est pris. Et en ces temps troublés, ce n'est déjà pas si mal…

La Garde Adhémar, août 2013

1
bon courage !
Résignation vs. projet

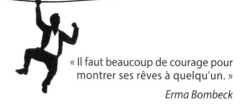

« Il faut beaucoup de courage pour montrer ses rêves à quelqu'un. »

Erma Bombeck

bon courage !

Résignation vs. projet

Avez-vous emprunté récemment l'ascenseur d'une tour de La Défense, un matin à l'heure de pointe ? Si vous ne l'avez pas fait depuis longtemps, tentez l'expérience en prêtant attention aux propos échangés par les cohortes de cadres et d'assistantes qui s'y engouffrent mécaniquement. Il y a encore quelques années, ceux qui en sortaient étaient normalement gratifiés d'un amical « bonne journée ». Les temps ont bien changé, puisqu'à chaque étage où ils se déversent, les salariés prononcent aujourd'hui la pire des phrases pour miner le moral de quelqu'un : « bon courage ! ». Notez qu'il n'est nul besoin de se déplacer jusqu'à La Défense pour en faire le triste constat, et qu'un simple passage au café du coin, à la boulangerie ou au pressing devrait vous permettre de faire chaque jour la même observation.

Un peu comme si le travail était devenu une telle souffrance qu'il soit désormais impossible de se rendre au sien sans s'armer au préalable de la bravoure jusqu'ici nécessaire uniquement pour faire face aux galères, coups durs, accidents et autres catastrophes que la vie nous réserve. Le phénomène ne s'arrête malheureusement pas aux portes de l'entreprise, où il semble être né. Pas un lieu, moment, occasion, milieu social où ne soit prononcé en boucle ce funeste encouragement. Révélateur de la morosité ambiante, ce qui est en train de devenir un phénomène de société est un excellent indicateur des maux dont souffre notre pays. Certitude qu'il n'y a rien de bon ni de très excitant à attendre d'un avenir anxiogène. Conviction qu'une pluie d'ennuis va forcément nous tomber sur la tête à chaque instant. Refus de voir dans le travail ou la vie en général une source d'épanouissement, de créativité et de plaisir. Absence d'exemplarité des élites et des dirigeants, qui exigent des autres le respect de règles ou de valeurs auxquelles certains de leurs représentants s'avèrent incapables de se plier. Manque de courage des managers, qui ne font pas l'effort de déceler l'ennui ou la routine au sein de leurs équipes et refusent de prendre les mesures appropriées dès lors qu'elles sont douloureuses. Rupture du lien de confiance entre salariés et patrons, dont beaucoup préfèrent s'isoler dans leur tour d'ivoire plutôt que de descendre régulièrement sur le terrain au contact de leurs équipes et de leurs clients.

Mais le plus révélateur dans cette nouvelle façon de se saluer ou de se dire au revoir me paraît être l'absence de grands projets à partager, que ce soit au sein des entreprises ou de la société civile. Le plus destructeur aussi. À peine rentrés de vacances, nous trouvons du réconfort en pensant à nos prochains congés. Et rien ne vaut la perspective d'un déménagement, de travaux d'embellissement de sa maison ou de l'acquisition du dernier joujou techno pour mettre un peu de soleil dans l'éventuelle grisaille de notre quotidien. Nous avons tous besoin de lendemains à bâtir. Il en va de même pour les entreprises, les organisations et les États, dans lesquels nul ne peut avoir envie de se rendre le matin ou de vivre si la seule perspective qui l'y attend est de faire encore et toujours la même chose, jusqu'à ce qu'il soit enfin temps de prendre sa retraite. Il n'est pas inutile de le rappeler, à l'heure où le désir d'avenir est la seule arme anti-crise encore susceptible de fonctionner !

Dans le même esprit, profitons de cette occasion pour tailler des croupières à une autre habitude risible, la question la plus débile de la vie des entreprises, parce que la plus mécanique et la moins sincère : le « bonjour, ça va ? » du matin. Chacun sait que nous nous moquons de la réponse. Prononcée comme un réflexe, cette interrogation n'appelle généralement aucune réponse utile. Lequel d'entre nous va en effet répondre devant tout le monde « ben non ça va pas vraiment, j'ai des problèmes de fin de mois, ma femme m'agace et je préférerais être en vacances aux Seychelles plutôt que de me taper mon connard de chef en entretien d'évaluation ce matin ! ». Dans le meilleur des cas s'entendra-t-on répondre un banal « j'ai mal dormi cette nuit, il faisait lourd » (ce que vous saviez déjà, puisque vous avez vécu la même chose dans la même ville) ou « le bébé nous a réveillés quatre fois cette nuit » (ce qui n'est pas nouveau, puisque cette personne vous le raconte chaque jour depuis la naissance du petit dernier). Et dans le pire des cas, le célèbre et désenchanté « ça va comme un lundi » hebdomadaire, qui envoie des ondes aussi déprimantes que « bon courage ».

Le principe du « comment ça va » mérite pourtant que l'on s'y arrête quelques instants. Car le souci de l'autre qu'il véhicule est tout sauf inutile. Le problème tient surtout à sa banalisation, devenue universelle. Et à notre profond désintérêt pour les éventuelles réponses obtenues. À partir d'aujourd'hui, ne conservons de cette question que son objectif : nous préoccuper sincèrement de l'état d'esprit de ceux qui nous entourent, et déceler tout souci personnel ou toute contrariété nécessitant une aide de notre part, ou plus de compréhension qu'à l'habitude. Plutôt que d'interroger sans réfléchir tous ceux que nous croisons, apprenons à observer et à nous concentrer sur ceux qui nous semblent avoir le moral en berne. Tous ne se confieront pas immédiatement à nous, mais nous devrions obtenir de bons résultats si nous savons nous y prendre avec gentillesse, empathie et diplomatie. Soyons attentifs à tous les signaux qu'émettent les gens, même et surtout ceux qui ne sont pas les plus populaires ou les plus séduisants, et qui souffrent peut-être d'un sentiment d'isolement.

Mais avant toute chose, réapprenons à dire « bonne journée » et interdisons-nous pour toujours de souhaiter « bon courage » à qui que ce soit !

2
un "petit" café et une "petite" cigarette

Médiocrité vs. ambition

« La vie est trop courte pour être petite. »
Benjamin Disraeli

un "petit" café et une "petite" cigarette

Médiocrité vs. ambition

Avez-vous déjà prêté attention à l'usage permanent que nous faisons tous de l'adjectif « petit » ? De tous les tics verbaux qui font l'objet de cet essai, sans doute est-il celui qui revient le plus souvent dans notre quotidien. Numéro un sur le podium de nos mauvaises habitudes. Peut-être le pire ennemi à combattre, comme je vais tenter de vous le démontrer. Le plus agaçant est que j'ai été incapable de percevoir seul cette terrible dépendance linguistique, tant j'en abuse moi-même et tant elle est ancrée dans chacune de nos conversations.

Il m'a fallu l'aide d'Olivier Torrès, qui aime se décrire comme un « PMiste », pour comprendre pourquoi la France semble incapable de sortir du piège dans lequel elle s'est peu à peu enlisée. Spécialisé notamment dans l'étude de la santé des chefs d'entreprise, ce chercheur qui n'a pas son pareil pour mettre le doigt sur ce qui dérange est ainsi le premier à m'avoir ouvert les yeux. Réfléchissez un instant à la journée d'un Français. Vous. Moi. Votre conjoint. Votre patron. Vos amis. Nous tous. Sans distinction d'âge, de sexe, de ressources, d'éducation, d'occupation. Après notre *petit*-déjeuner, nous passons un moment au *petit* coin, puis faisons un *petit* bisou à notre *petit*(e) ami(e) avant de partir travailler. Au bureau, nous commençons par prendre un *petit* café avec nos collègues, dont beaucoup sont aux *petits* soins pour nous depuis que nous avons obtenu de l'avancement et enfin pu quitter notre *petit* boulot. Après voir grillé une *petite* cigarette, retour aux choses sérieuses. À midi, pour calmer notre *petit* creux, nous nous offrons une *petite* bouffe dans un *petit* resto qui propose des *petits* plats aux *petits* oignons accompagnés d'un *petit* vin de pays. Nous nous plions volontiers à la demande du serveur de griffonner une *petite* signature au bas du ticket de notre carte bleue, mais non sans avoir commandé un *petit* verre de ce digestif qui descend dans l'œsophage comme le « *petit* Jésus en culotte de velours ». Nous faisons un *petit* détour par la Poste avant de retourner au bureau. Ne pouvant décemment nous octroyer la *petite* sieste dont nous rêvons à cet instant de la journée, nous enchaînons les réunions en *petit* comité avec notre *petit* chef. En croisant un collègue dans les couloirs, nous l'invitons à nous envoyer un *petit* mail ou à nous laisser un *petit* message pour ne pas oublier d'assister à la prochaine réunion qu'il organise. Sur le chemin de la maison, nous nous octroyons une *petite* pause shopping dans un magasin qui affiche de *petits* prix, seul moyen pour nous de faire quelques économies pour nous offrir… de *grandes* vacances (tiens, tiens…) !

Inutile d'aller plus loin. Sauf à signaler que cet adjectif que l'on met à toutes les sauces et que l'on trouve si mignon n'est pas toujours flatteur. Parler d'un *petit* vieux ou d'une *petite* vieille est rarement synonyme de respect. Dans quel autre pays se permet-on d'appeler *petits* patrons ceux qui dirigent des entreprises de taille modeste ? Y aurait-il une telle différence de nature ou de talent entre les seigneurs du CAC 40, ces fameux *grands* patrons que la France adore détester autant qu'elle envie leurs rémunérations, et ces hommes et ces femmes qui font preuve au quotidien d'une combativité et d'un courage exceptionnels ? Où ailleurs qu'ici un *petit* con serait-il un con de première catégorie, compte tenu de la valeur que nous attachons à ce qualificatif ?

Mettre l'adjectif petit à toutes les sauces est donc devenu un réflexe naturel. Presque une nouvelle langue. Si l'on admet que les mots sont révélateurs d'un état d'esprit, voire d'une culture, nul doute que nous avons des progrès à faire pour sortir de cette vision étriquée. Pourquoi tout devrait-il être petit, voire minuscule ou médiocre, et le rester ? Ne serait-il pas plus excitant et plus motivant de penser grand ? De donner de l'ambition à nos rêves, du souffle à nos projets, quitte à prendre plus de risques et à nous mettre davantage en danger ? N'aurions-nous pas plus de plaisir à accomplir de grandes choses plutôt qu'une succession d'actes insignifiants, dont nous ne tirons plus aucune fierté particulière ?

Tous les entrepreneurs savent qu'aucun projet n'est viable si celui qui le porte n'a pas la volonté de devenir le leader de son secteur. Tout sportif de haut niveau sait qu'il lui sera impossible de progresser s'il n'a pas pour ambition de devenir champion olympique. Peu d'hommes ou de femmes politiques réussissent véritablement s'ils n'ont pas pour projet (même secret) de parvenir au poste suprême. Pour la même et simple raison. Aspirez à devenir le roi de votre quartier, et vous échouerez à coup sûr. Rêvez de dominer le monde, et vous réussirez. Une réussite à votre mesure. Quelle qu'elle soit. Sa taille n'aura plus alors aucune importance, mais vous serez forcément allés plus loin que ceux qui manquent de volonté et se contentent de petits objectifs. Seul un grand rêve donne l'énergie, le courage et le talent de surmonter les obstacles qui se dressent inéluctablement sur la route de celui qui se met en marche. Car à chaque difficulté, convaincu qu'elle pèsera peu quand on se retournera sur le chemin parcouru, on trouvera toujours le moyen de la dominer. A défaut de créer du talent, la contrainte finit toujours par révéler celui qui est enfoui en nous et que nous n'utilisons pas faute du désir qui pourrait le libérer.

Quiconque découvre l'Amérique pour la première fois est toujours frappé par la taille, voire la démesure de tout ce qu'il y rencontre ou y observe. Les villes, les autoroutes, les voitures, les immeubles, les restaurants, les plats, la nature, tout paraît immense aux yeux du visiteur ébahi qui a l'impression de vivre en direct dans un film *made in Hollywood*. Sans doute les États-Unis bénéficient-ils d'un espace illimité et d'une histoire récente qui ont facilité la création de cette culture XXL. Mais le plus intéressant réside dans la formidable capacité des habitants de ce pays venus de toute la planète à penser grand et à rêver que tout est possible. « *The sky is the limit* », aime-t-on rappeler outre-Atlantique. Que l'on aime ou pas ce qu'elle représente, force est de reconnaître que l'Amérique reste aujourd'hui le seul territoire au monde capable d'attirer les talents les plus divers. Car nul ne vous y jugera sur votre origine sociale, votre niveau d'étude ou l'argent de vos parents, mais plutôt sur ce que vous êtes ou ce que vous rêvez d'accomplir. Nul ne tentera de vous barrer la route en raison de vos échecs passés, ni ne vous tiendra jamais rigueur de réussir mieux que lui. Dans son dernier livre, Back in the USA (éditions Saint-Simon), Thomas Friedman rappelle que Steve Jobs, Michael Dell, Bill Gates et Mark Zuckerberg ont tous été en échec scolaire… et qu'ils ont tous créé des entreprises mondiales !

Ambition plutôt que jalousie. Soif de réussite plutôt que haine du succès. Il n'en faut pas beaucoup plus pour rebondir rapidement après chaque crise. Tous les experts affirment que plus rien ne sera jamais comme avant au sortir de celle que nous traversons. Alors, pourquoi s'interdire un avenir à la hauteur de nos rêves ? L'occasion est unique de refuser la médiocrité. Ne la laissons pas passer !

3
le problème, c'est que...
Défaitisme vs. confiance

> « Le pire n'est jamais sûr,
> mais le meilleur se mérite. »
>
> *Jacques Attali*

le problème, c'est que...

Défaitisme vs. confiance

À peine installé dans le TGV, je dégaine mon ordinateur portable pour écrire ma prochaine chronique. En panne d'inspiration, j'élimine un à un tous les sujets envisagés. Trop tôt. Trop tard. Pas assez fun. Déjà traité. Quand soudain s'installent à mes côtés deux jeunes loups en costume cravate qui vont oublier deux heures durant qu'ils ne sont pas au bureau, mais bien dans un espace public confiné, où chacun essaie tant bien que mal de se concentrer et de rattraper son retard de lecture, de travail ou de sommeil. Incapable de réfléchir, j'opte donc pour la sieste...

Peine perdue. Car leur conversation redouble alors d'intensité, et je n'ignore désormais plus rien des états d'âme persistants de leur assistante Jessica ou de son fameux penchant pour les RTT. Ni de cet appel d'offres perdu parce que le boss a refusé de « baisser son pantalon » au moment où il aurait fallu négocier les honoraires. Ni des performances énervantes de Kevin, le petit jeune qui vient d'arriver dans la boîte et à qui le patron ne trouve que des qualités, au premier rang desquelles son salaire de débutant qui travaille sans compter ses heures. Ni surtout des nouvelles aventures amoureuses de la fougueuse Eva, dont tous les hommes semblent se moquer chaque matin autour de la machine à café, mais avec laquelle tous aimeraient bien prendre quelques jours de vacances loin du bureau. Mais le plus agaçant est ailleurs. À tout moment et sur chaque sujet, les deux collègues ponctuent leur discussion de l'une des phrases qui m'énerve le plus au monde et qui est sans nul doute en partie à l'origine de ce lexique anti-déprime : « Le problème, c'est que… ». À les entendre, tout ne serait donc qu'emmerdement, risque, tourment, peine, lourdeur ou complication.

Avant de les quitter, et pour les remercier de m'avoir ouvert les yeux sur cette spécialité franco-française, je suggère à mes voisins l'idée de verser dans un pot commun une pièce d'un euro à chaque fois que reviendra ce fâcheux réflexe. Le problème, c'est… qu'ils m'ont demandé « de quoi je me mêlais » ! Comme quoi ce n'est pas gagné…

Tout irait pour le mieux si ces deux rabat-joie étaient les seuls à utiliser en boucle cette expression funeste, qui en dit long sur la vision que l'on a du monde. La réalité est malheureusement différente. À l'image du classique thèse/antithèse/synthèse, chaque échange semble désormais construit sur un schéma sujet/recherche du problème/absence de solutions, le troisième volet du triplet étant bien sûr le plus inquiétant… et le plus franchouillard. Faites vous-même l'exercice, et notez le nombre d'occasions où cette phrase revient au cours d'une seule journée dans vos conversations, quels qu'en soient la nature, la durée ou le sujet. Prêtez également attention aux propos des politiques et des journalistes. Lisez la presse d'un autre œil, et écoutez la radio d'une autre oreille. Des problèmes, encore des problèmes, toujours des problèmes, rien que des problèmes ! Et je ne parle pas ici des mauvaises nouvelles, qu'il faut bien relayer parfois, mais qui nous font oublier combien la vie est belle. Non, ce que j'évoque, c'est le regard que nous portons systématiquement sur les événements qui rythment notre quotidien. Le nôtre et celui de ceux qui nous entourent.

Ce qui me frappe, c'est que nous sommes devenus incapables de penser que les choses peuvent être simples, normales, apaisées, fluides, agréables, que tout n'est pas forcément combat, tension, obstacle ou rivalité. Qu'il n'y a pas QUE des problèmes et qu'il est possible de vivre aussi heureux, voire plus, sans tenter de les débusquer en toutes circonstances. Qu'il n'y a aucune honte à voir un verre à moitié plein plutôt qu'à moitié vide. Que le monde tournera aussi bien si nous cessons de déceler uniquement ce qui n'y fonctionne pas. Car l'air de rien, cette habitude finit par nous conditionner en nous faisant imaginer des difficultés partout, même et surtout là où il n'y en a pas encore. Voire les faire survenir, à force d'être convaincus de leur avènement proche ou lointain. Plus grave est sa capacité à inhiber notre prise d'initiatives, ou notre propension à courir le moindre risque.

Sans doute cette obsession vient-elle à la fois de notre éducation et de notre culture. Je me souviens qu'enfant, je rentrais de l'école avec des devoirs à faire et des problèmes à résoudre. Des devoirs et des problèmes ! Sympa, comme façon d'entrer dans la vie… Et assurément très efficace, pour la poursuivre en martyre et la finir frustré ou malheureux… « Va faire tes devoirs ! » ne sonne-t-il pas davantage comme une punition plutôt qu'un encouragement ?

Comment s'étonner dans ces conditions que j'ai si souvent traîné les pieds avant de m'y mettre le soir, et à ce point détesté les maths (sans jamais m'y mettre, pour le coup) ? Non pas que mes parents m'aient tyrannisé. Loin de là. Mais c'est mal connaître la psychologie d'un écolier ou d'un étudiant que de lui promettre du sang et des larmes pour le motiver. C'est faire fausse route en matière d'éducation que d'oublier la dimension plaisir de l'apprentissage et de la découverte.

Notre culture analytique et la pensée rationnelle héritée de Descartes pourraient bien être la deuxième raison expliquant notre penchant national pour le décorticage systématique. En reposant sur le doute méthodique, principe selon lequel chaque idée, pour être reconnue valable, doit être mise à l'épreuve et examinée dans les moindres détails par celui qui la soutient afin de dégager son éventuelle vérité, elle aboutit le plus souvent à nous méfier plutôt qu'à faire confiance. Probablement utile de temps en temps, mais dramatique quand cela devient une habitude de vie.

Rien ne nous oblige pourtant à nous entêter sur le chemin masochiste du doute permanent. Nos existences seraient tellement plus légères, et notre niveau de stress tellement plus supportable, si nous étions enfin capables d'évacuer ce double réflexe anxiogène et d'apprendre à dire « la solution, c'est que... ».

Alors, pourquoi ne pas miser quelques euros sur notre capacité à le faire ?

4
pourvu qu'il ne m'arrive rien

Peur vs. audace

> « Là où croît le péril
> croît aussi ce qui sauve. »
> *Friedrich Hölderlin*

pourvu qu'il ne m'arrive rien

Peur vs. audace

Il y a toujours eu deux façons de se lever le matin. La première, typiquement française, consiste à se dire « pourvu qu'il ne m'arrive rien aujourd'hui ». La seconde, plus américaine, consiste à « espérer qu'il m'arrive quelque chose ». Quiconque s'interroge sur l'origine de notre état d'esprit ferait bien d'observer la façon dont une jeune maman encourage outre-Atlantique l'enfant qu'elle dépose pour la première fois à l'école maternelle : « Go and have fun », lui dit-elle en l'embrassant. « Vas-y et amuse-toi ! » Rien de tel en France, où la mère protectrice multiplie en pareil cas les mises en garde du type : « Fais attention, sois prudent, ne prends pas de risque, ne touche à rien, ne parle à personne, ne tombe pas ! ».

À force d'avoir une peur maladive que le ciel nous tombe sur la tête, nous sommes peu à peu devenus l'un des peuples les plus inquiets et les plus frileux au monde et accordant le moins facilement sa confiance aux autres, convaincus que cela représente un danger potentiel. À la question « Faites-vous naturellement confiance aux autres, ou bien pensez-vous qu'il faut se méfier de tout le monde ? », 79% des Français optaient pour la méfiance en 2011, nous plaçant 28ème sur trente pays sondés dans l'échelle de la confiance. Pas étonnant que cette méfiance généralisée se soit propagée à travers toute la société française. Le citoyen n'a plus confiance envers le politique ou la justice, le salarié envers le patron (et vice versa), le client envers les marques, le patient envers les laboratoires, le lecteur envers les médias, etc. Voyant le danger partout, nous cherchons par tous les moyens à réduire le risque, voire à l'éliminer.

Caricatural, penserez-vous sans doute ! Pas si sûr… Notre pays n'est-il pas en effet celui qui a érigé le principe de précaution en tout puissant juge de paix de nos audaces ? Peu d'entre nous sont aujourd'hui capables de décrire précisément ce que recouvre ce concept, conçu à l'origine pour nous protéger des risques environnementaux et de santé, ni de rappeler comment et pourquoi il s'est à ce point imposé à nous en se glissant dans notre Constitution. Mais il semble avoir envahi tous les aspects de nos vies. Au point que les mots prévention, prudence et protection ont largement remplacé dans notre vocabulaire les mots audace, culot et sang-froid. Et que les Français, régulièrement sondés sur la vision qu'ils ont de leur avenir, le voient aujourd'hui plus sombre que les Afghans ou les Irakiens (pourtant bien plus exposés que nous à une multitude de vrais risques quotidiens) et préfèrent lui tourner le dos.

N'est-il pas étrange que le pays qui possède le droit social le plus protecteur jamais inventé, qui prend soin de ses demandeurs d'emplois mieux et plus longtemps que n'importe lequel de ses concurrents, qui possède l'une des plus grosses épargnes de la planète et vit en paix depuis plus de soixante ans, est aussi celui qui est le plus gros consommateur d'anxiolytiques ? Pas si étonnant à y réfléchir, car chacun sait que seules les épreuves renforcent, et que seuls les échecs font avancer. N'oublions jamais que surprotéger affaiblit. Et qu'entreprendre aguerrit. Quand cesserons-nous de nous plaindre plutôt que de nous endurcir ? Quand comprendrons-nous qu'une protection excessive ne fait que ruiner l'estime de soi de ceux qui en bénéficient ?

Nul ne s'étonne ni ne s'alarme en France qu'un ministre dépense impunément des centaines de millions d'euros pour acheter des vaccins contre la grippe qui ne serviront jamais à personne, que la crainte des OGM empêche les agriculteurs de conquérir les marchés mondiaux, et que celle des gaz de schiste prive notre économie d'une énergie domestique bon marché qui faciliterait pourtant sa ré-industrialisation, à l'image de ce qui est en train de se passer aux États-Unis. La multiplication des normes, lois et autres textes réglementaires y est devenue pour les entrepreneurs un casse-tête inextricable, menaçant de les envoyer en prison à tout moment, faute de pouvoir respecter les 400 000 normes qu'ils sont censés connaître sur le bout des doigts et respecter à la lettre. Sans compter les 1 500 règlements qui viennent chaque année enrichir un ridicule catalogue à la Prévert.

Sûre d'elle et de son pouvoir, investie d'une mission divine et non négociable de protection de nos intérêts, de nos vies, de notre santé, l'administration légifère à tout-va, ordonne, impose, mesure, limite, interdit. Et dépense ensuite des fortunes pour nous contrôler et s'assurer du respect de sa volonté divine. Premier producteur mondial de tracasseries, l'État français se rend-il compte des dégâts considérables qu'il provoque ainsi, et dont il faudra un jour que ses dirigeants rendent compte ? Réalise-t-il qu'il est en grande partie responsable du manque hexagonal dramatique de logements, à force d'en renchérir le coût de façon exponentielle ? A-t-il jamais calculé les milliards d'euros dépensés par les collectivités pour se plier aux diktats des « ayatollahs du précautionnisme » ? Au prétexte de nous faire du bien, ne concourt-il pas à nous affaiblir chaque jour davantage en nous faisant perdre nos défenses immunitaires ?

Personne n'aspire bien sûr à un monde totalement débridé, sans aucune règle, où tout serait permis et où l'on ne prendrait pas en considération l'état du monde que nous laisserons à nos enfants. Mais il est temps d'arrêter de vivre dans la peur et d'exiger de l'État une protection absolue si nous voulons retrouver l'énergie et le plaisir de nous lever chaque matin. Pour nous y aider, imaginons un instant ce qui serait arrivé si le principe de précaution avait existé lorsque Christophe Colomb est parti à la découverte de l'Amérique, Alessandro Volta et Thomas Edison ont inventé l'électricité, JFK a donné pour mission à la NASA d'envoyer un homme sur la lune et Felix Baumgartner a décidé de sauter en chute libre depuis la stratosphère. Jamais le monde n'aurait accompli ses progrès les plus fous si ceux qui les ont rendus possibles avaient eu peur des conséquences de leurs actes. Réduire le risque devient dangereux quand cela nous dissuade d'en prendre.

Le pire dans cette affaire est le cynisme qu'elle révèle. Car soyons réalistes ! Il est évident que les dirigeants politiques de tous bords cherchent toujours à conforter leur pouvoir en dénichant de nouveaux risques leur permettant d'édicter de nouvelles règles et de nous imposer « l'État nounou » en ultime recours. Pour freiner leurs ardeurs, rejetons les sirènes de ceux qui créent, dénoncent ou amplifient les peurs, et se posent ensuite en remparts pour se faire élire ou réélire. Refusons le repli sur soi qui nous est proposé en réponse aux menaces réelles ou supposées. Cessons de maudire la mondialisation, l'Europe, Bruxelles, les Allemands, les Chinois, l'euro, le FMI, la Grèce, le plombier polonais, la grippe, la nourriture, les laboratoires pharmaceutiques, le réchauffement climatique, les médias, l'argent et tant d'autres ennemis « extérieurs ».

L'inaction est aujourd'hui plus risquée que l'action. Car l'histoire s'accélère, et la facture de notre immobilisme s'alourdit chaque jour davantage. Inventons courageusement des façons différentes de vivre et de travailler, plutôt que de vivre paralysés. Arrêtons d'hiberner et de nous mettre aux abris en attendant la fin du monde….

5
ce sera tout ?
Indifférence vs. empathie

> « J'ai toujours préféré la folie des passions
> à la sagesse de l'indifférence. »
> *Anatole France*

ce sera tout ?
Indifférence vs. empathie

Cela fait cinq minutes que vous attendez votre tour dans la file d'attente de la boulangerie. À peine exprimée votre demande (« la moins cuite possible, et coupée en deux, s'il vous plaît… »), la boulangère emballe votre commande d'un geste rapide et vous lance son légendaire « Ce sera tout ? ». Peu enclin à vous faire plaisir dans pareil contexte, vous posez quelques pièces de monnaie devant sa caisse et lui souhaitez une bonne soirée, sans qu'elle y prête la moindre attention, trop affairée à crier « Au suivant ! ». Derrière vous, la file compte désormais près de quinze aficionados, tous regroupés à l'intérieur du magasin pour échapper à cette pluie qui n'en finit pas. Vous slalomez à travers les paniers et les cartables qui jonchent le sol mouillé, et poussez la porte de la boulangerie. Vous ne pouvez vous empêcher de découper à la main le bout encore chaud de votre baguette, et l'avalez d'un coup, comme un gamin qui a peur de se faire prendre. Le bonheur vous envahit… À cet instant précis, la vie vous semble un peu plus douce.

Soudain, une idée bizarre vous vient à l'esprit. Et si les boulangères françaises avaient éduqué depuis un siècle d'innombrables générations de Français mauvais vendeurs n'ayant qu'une hâte, celle de se débarrasser de vous au plus vite et de ne jamais chercher à vous faire plaisir ? En enseignant à chaque enfant venu acheter une baguette ou un pain au chocolat que toute vente doit obligatoirement se conclure par un « Ce sera tout ? Au suivant ! », cette profession omniprésente dans nos vies n'a-t-elle pas formé sans s'en rendre compte autant de robots désabusés, aujourd'hui plus enclins à terminer au plus vite leur journée de travail qu'à enchanter leurs clients ?

Le « service minimum » des boulangères françaises, en partie responsable du manque d'appétit actuel des Français ? Sans doute un peu court, pour expliquer notre croissance en berne et le déficit chronique de notre balance commerciale, j'en conviens ! Mais assurément une très mauvaise habitude à bannir au plus vite à une époque où chaque euro compte, et où des milliers de points de vente vont disparaître pour la simple raison que nous n'aurons plus envie de nous y rendre. À l'heure où tout peut être commandé à tout moment sept jours sur sept par un simple clic sur internet et nous être livré gratuitement en vingt-quatre heures, pourquoi continuerions-nous à fréquenter des commerçants qui préfèrent tuer le désir plutôt que de le faire naître ? Pourquoi supporterions-nous plus longtemps des heures et des jours d'ouverture qui les arrangent eux, plutôt que nous ? À une époque où nous avons tous le sentiment d'avoir fait médecine parce que nous avons passé trois heures sur *Doctissimo* avant d'aller voir notre médecin, pourquoi irions-nous voir des vendeurs qui en savent parfois moins que nous, ou qui à l'inverse nous voient comme des abrutis ne comprenant rien à rien ?

Tout cela ne serait pas si grave, si des millions d'emplois n'étaient pas en jeu dans cette extraordinaire mutation économique et sociétale. Je ne connais pas un seul secteur d'activité ni une seule entreprise qui ne soit aujourd'hui dans le collimateur de quelqu'un qui est en train de réinventer son métier en s'appuyant sur les nouvelles technologies. Dans pareil contexte, il est urgent de réapprendre à aimer les gens, à leur faire plaisir et à leur donner le meilleur de nous-même. De la même façon, tout dirigeant d'entreprise ou commerçant ferait bien d'imaginer au plus vite le portrait-robot de son assassin potentiel s'il veut le mettre hors d'état de nuire avant qu'il ne s'en prenne à lui.

Ne souriez pas, car notre incapacité à faire rêver les autres est en partie à l'origine du manque d'envie qui nous caractérise désormais et qui nous entraîne dans les affres du toujours moins. À force de renoncer à nos plaisirs quotidiens faute de désir, s'installe jour après jour une résignation contagieuse. Véritable poison lent de la consommation, la vente à la française, « distancée » et dénuée de toute empathie, fait chaque jour des ravages dont personne ne semble prendre la mesure. Quiconque a fait une fois dans sa vie l'expérience d'un serveur américain décrivant par le détail les plats du jour du restaurant qui l'emploie ne peut s'empêcher de le comparer à son équivalent français débitant mécaniquement son ardoise. Le premier vous semble avoir passé sa matinée pour vous derrière les fourneaux alors qu'il n'y met jamais les pieds, tandis que le second a hâte de vous apporter l'addition et de rentrer chez lui. De la même façon, je suis toujours fasciné par la capacité des vendeuses outre-Atlantique à flatter avec talent et une sincérité apparente l'ego de leurs clientes en leur disant combien elles sont belles avec ce qu'elles sont en train d'essayer. De leur dire un mot gentil sur ce qu'elles portent, ou de leur faire un compliment sur tel sac ou tel bijou. Imparable, pour mettre de bonne humeur et donner envie d'acheter…

Quand mettrons-nous enfin de l'émotion dans nos relations commerciales ? Quand comprendrons-nous que l'empathie n'est pas seulement une qualité humaine, mais une arme stratégique dans n'importe quel business ? Cette aptitude à comprendre et à ressentir les sentiments et les émotions des autres est la clé d'innombrables succès. Et son absence, l'explication de nombreux échecs. Aurions-nous pleuré la mort de Steve Jobs, si le fondateur d'Apple n'avait pas formidablement intégré à chaque étape de sa carrière nos attentes combinées de simplicité, d'ergonomie et d'élégance ? Sephora aurait-il autant d'ambassadrices dans le monde, si ses dirigeants successifs n'avaient pas intégré leur besoin subtil et simultané de conseil et de liberté ? Nespresso aurait-il conquis nos cuisines, si Nestlé n'avait pas su faire entrer un produit de grande consommation valant trente-cinq centimes d'euro dans l'univers du luxe ?

Tous ces succès mondiaux ont en commun l'empathie. Et comme par hasard, jamais vous n'entendrez un de leurs représentants vous demander si « ce sera tout ? » avant d'appeler sa prochaine victime... Alors pour une fois, inspirons-nous des meilleurs !

6
vivement la retraite
Souffrance vs. plaisir

> « Aujourd'hui est mauvais,
> et chaque jour sera plus mauvais,
> jusqu'à ce que le pire arrive. »
>
> *Schopenhauer*

vivement la retraite

Souffrance vs. plaisir

Et vous, ça va ?

Vous savez, moi, tant que je ne serai pas à la retraite…

En ce matin froid et pluvieux, cette vieille rengaine française m'insupporte plus encore que d'habitude. Au café du coin, dans le métro ou à la cafète, impossible d'y échapper. Pas un jour sans que l'on ne ressente ce triste manque d'appétit hexagonal. Hommes ou femmes, jeunes ou moins jeunes, un nombre croissant de nos concitoyens semblent aujourd'hui partager la même ambition : quitter au plus vite le monde du travail, devenu pour eux un véritable enfer. Pas une semaine sans que je ne croise ou ne rencontre des salariés qui semblent haïr leur job autant que leur entreprise ou leur patron, au point d'y voir l'origine de tous leurs problèmes de santé. Pas un mois sans que l'un de mes proches ne m'avoue partir désormais travailler chaque matin dans une entreprise qu'il déteste sans pour autant avoir le courage de démissionner, crise économique et chômage obligent... Symbole actuel de ce malaise, le succès de la série Sophie & Sophie sur Canal+, ce détestable soap opera à la française, dont les deux héroïnes incarnent le pire du monde du travail. Râleuses, tire-au-flanc, volontiers méchantes, irrespectueuses, les deux hôtesses d'accueil et standardistes franchouillardes participent dramatiquement à la banalisation du phénomène.

Vivement la retraite ! Faut-il être mal dans sa vie pour avoir à ce point envie d'en changer au plus vite ! Faut-il détester le monde du travail pour être aussi impatient de le quitter pour toujours ! Ces « victimes » se rendent-elles seulement compte de la chance qu'elles ont de traverser notre époque ? De vivre dans un pays qui prend soin d'elles et les protège comme aucun autre au monde. De voir chaque année augmenter leur espérance de vie de trois mois supplémentaires. D'avoir accès à haut débit et pour quelques euros par mois à tout le savoir de l'humanité en un seul clic. De participer à la révolution numérique qui ne fait que commencer. De pouvoir inventer, créer, oser, rêver, faire des projets en toute sécurité et en toute liberté. Réalisent-elles surtout combien il est triste d'avoir pour seule ambition d'entrer au plus vite dans ce qui n'est autre que le dernier chapitre de la vie… avant de tirer sa révérence pour toujours ? Savent-elles que l'on devient vieux quand nos regrets commencent à prendre le pas sur nos rêves, comme aime le rappeler Jacques Séguéla ?

Sondés par CSA pour La Croix en octobre 2011, 62% des Français considèrent que le travail est avant tout « un moyen de gagner de l'argent », et 37% seulement y voient d'abord « un moyen de s'épanouir ». Sans doute les entrepreneurs et les dirigeants français ont-ils une part de responsabilité dans cette démission collective. Ces mêmes hommes et femmes qui ne peuvent s'empêcher de travailler comme des fous, ces « fêlés » qui aiment leur boulot au point de lui consacrer quatre-vingts heures par semaine tout au long de leur vie, portent-ils suffisamment attention à cette inquiétante dérive ? Sont-ils assez à l'écoute de leurs équipes ? Ne leur demandent-ils pas davantage chaque matin « *Combien* ça va » plutôt que « *Comment* ça va » ? Ont-ils conscience des dégâts provoqués par des objectifs inatteignables, l'absence d'empathie, la pression des actionnaires, la dictature du court terme ? Mesurent-ils le péril qui menace, s'ils s'avèrent incapables de transmettre à leurs troupes l'envie d'avoir envie ? Car ne nous y trompons pas : rien de grand ne se fait sans passion. Et celle des entrepreneurs peut – et doit – être contagieuse.

Nul n'est pourtant condamné à souffrir, à condition de changer son état d'esprit. Si votre poissonnier ne vous a jamais rien enseigné de particulier, à part peut-être le temps optimal de cuisson de votre cabillaud, précipitez-vous sur *Fish*, le livre de Stephen C. Lundin, Harry Paul et John Christensen (éditions Un monde différent). Sous-titré « Comment optimiser l'épanouissement au travail tout en y prenant goût », l'ouvrage s'inspire largement du Pike Place Fish Market, l'incroyable marché aux poissons de la ville de Seattle dans l'État de Washington aux États-Unis. Sans doute l'un des rares marchés de ce type à avoir été observé par des sociologues, tant il est réputé pour l'état d'esprit unique qui y règne. Bonne humeur constante, humour fréquent, poissons jetés joyeusement d'un étal à un autre, discussions endiablées, gentillesse exemplaire. Que l'on achète ou pas, le spectacle est total.

La légende raconte qu'il fut découvert par une femme nouvellement installée à Seattle, qui travaillait dans une banque d'affaires et à qui son patron avait confié la responsabilité de remettre en marche un service que personne ne parvenait à faire fonctionner. À l'occasion d'une pause-déjeuner sur ce marché, elle fut étonnée de l'ambiance qui y régnait et demanda à rencontrer son propriétaire John Yokoyama, à l'origine de ce qu'il est aujourd'hui convenu d'appeler la « Fish Philosophy ». Croulant sous les difficultés après le rachat du marché en 1986, celui-ci réunit ses équipes qui lui expliquèrent qu'il leur fallait « penser plus grand » et qu'ils pourraient ainsi se faire connaître dans le monde entier. Une idée qu'il jugea d'abord ridicule, tant il était alors négatif, cynique et rigide. Mais il commença par changer lui-même, et peu à peu la vision de ses équipes devint réalité. Jour après jour, les remarques positives des uns et des autres vinrent à bout des critiques démoralisantes du passé.

Son secret ? « On ne choisit pas forcément d'être vendeur de poissons, mais on peut toujours décider de la façon de l'être et de se comporter tout au long de la journée ! » Chaque jour, ses salariés furent dès lors invités à choisir un rôle qu'ils devaient interpréter dans leur travail : tantôt clown, tantôt cow-boy, tantôt chanteur d'opéra. Peu importe, l'essentiel était d'embellir la journée, chaque salarié ayant la responsabilité du moral de ses collègues et clients en se concentrant sur les plus tristes. Autre impératif de la « Fish Philosophy » : être présent émotionnellement auprès de tous, et leur faire sentir que cette joie leur était personnellement réservée.

Sans doute les Français sont-ils trop « négatifs, cyniques et rigides » pour adhérer à pareille théorie, mais sait-on jamais ! À défaut de choisir notre réalité, pourquoi ne pas changer le regard que nous portons sur elle, et modifier notre façon de l'appréhender en adoptant à notre tour la « Philosophie du poisson » ?

7
il est bien gentil...
Méchanceté vs. générosité

> « Il faut avoir une musique en soi
> pour faire danser le monde. »
> *Friedrich Wilhelm Nietzsche*

il est bien gentil...

Méchanceté vs. générosité

Quel bonheur de vieillir ! Parvenu à mi-vie, je peux enfin affirmer sans craindre le ridicule que la gentillesse est la plus belle façon de vivre son existence. Ou plutôt en courir le risque, mais en me moquant éperdument de ce que penseront les gens. Car avouons-le franchement : pour la plupart d'entre nous, être gentil c'est être... « bien gentil » ! Un peu nunuche, limite couillon, du genre à se faire avoir dans un monde de brutes qui ne respecte que le rapport de force et l'affirmation de sa puissance, de sa virilité ou de son autorité. Faites le test ! Allez sur Google, tapez « con » et « gentil »... et vous tomberez sur la célèbre citation « trop bon, trop con », dont la variante « trop gentil, trop con » viendra également en tête de vos recherches. Encore et toujours le syndrome du chic type, de la « bonne poire », du type à qui tout arrive parce qu'il ne sait pas dire non.

Je me suis souvent demandé pourquoi la gentillesse n'était pas enseignée dans les écoles de commerce. Pourquoi elle faisait si rarement partie des critères de recrutement des entreprises. Pourquoi elle était toujours synonyme de faiblesse. Et pourquoi l'une des plus belles qualités humaines était le plus souvent rabaissée en France au rang de caricature.

Film culte s'il en est, « Le Père Noël est une ordure » regorge de perles inusables, dont la plus drôle est à mes yeux la réplique de Thierry Lhermitte adressée à Anémone : « Je n'aime pas dire du mal des gens Thérèse, mais effectivement il est gentil ». Ou comment résumer en une phrase le drame qui frappe la gentillesse dans notre pays, où mauvaise humeur, arrogance et mépris restent bien souvent la signature de l'accueil *made in France*.

Attirés dans la Ville Lumière par le formidable cocktail de rêve et de romantisme qu'elle véhicule, des dizaines de touristes japonais sont ainsi régulièrement victimes du « syndrome de Paris » ! Le Point racontait il y a quelques années que le premier secrétaire des Services Consulaires de l'ambassade du Japon restait joignable vingt-quatre heures sur vingt-quatre pour aider les dizaines de ses compatriotes frappés par ce mal étrange. « Une paranoïa aiguë qui nécessite dans 25% des cas une hospitalisation d'au moins une semaine dans une unité psychiatrique », débouchant le plus souvent sur des rapatriements sanitaires avec médecin à bord de l'avion. À l'origine du syndrome, « le décalage entre l'univers d'Amélie Poulain que les Japonais ont dans la tête et la réalité de la vie parisienne. » Le décor est superbe, mais le comportement des Français traumatisant. Franc-parler, humour gaulois, impatience, moqueries, le mythe du Parisien romantique s'effondre vite. Inutile d'imaginer la publicité que ces visiteurs font à l'Hexagone, de retour au pays du Soleil Levant.

Au dernier classement de TripAdvisor décryptant les témoignages de 75 000 internautes, Paris se place au 33ème rang sur quarante pour la convivialité de ses habitants. Ne riez pas, c'est dramatique. D'après un autre sondage international réalisé en 2008, les Français sont désormais considérés comme les touristes d'origine européenne les plus odieux, seulement devancés par les Indiens et les Chinois au niveau mondial. 19ème sur 21 pays évalués ! Mal élevés, peu respectueux des us et coutumes locales, ne faisant aucun effort pour parler des langues étrangères et incapables de laisser des pourboires appropriés. Réalisé pour Expedia auprès des salariés de 4 000 hôtels en Allemagne, au Royaume-Uni, en Italie, en France, au Canada et aux États-Unis, l'enquête évaluait l'attitude générale, la politesse, la tendance à se plaindre, la volonté de parler la langue locale, l'intérêt envers la cuisine locale, l'envie de dépenser son argent, la générosité, la propreté, la discrétion et l'élégance. Explication amusante de l'avarice supposée des Français comparée à la générosité reconnue des Américains en matière de pourboire : la longueur de nos vacances ! Bénéficiant en moyenne de quatorze jours de vacances annuelles qu'il n'arrive pas toujours à prendre, l'Américain a tendance à consommer beaucoup plus en peu de temps, alors que le Français n'a aucune difficulté à utiliser son quota annuel de trente-sept jours et se voit contraint d'étaler son budget sur une période beaucoup plus longue.

Quiconque a eu la chance de visiter Tokyo mesure l'écart qui nous sépare de la culture japonaise. Organisation minutieuse, gestes précis, propreté incomparable, discipline exceptionnelle, sens du détail à couper le souffle, fierté du travail bien fait, même le plus ingrat. Obligation mal vécue chez nous, où le service tire ses racines du latin « servus » (esclave), il est là-bas une philosophie de vie. Même constat aux États-Unis, où il suffit souvent de dégainer le plan d'une ville pour se voir immédiatement offrir une aide souriante et amicale. Et que dire de contrées telles que l'Île Maurice, où la gentillesse semble trouver ses origines tant elle est partagée par tous ses habitants ?

Où que l'on se tourne au pays de la bonne bouffe et des trente-cinq heures, le client continue à l'inverse d'être trop souvent un obstacle au bien-être des salariés ! Et le touriste, un mal nécessaire. On cajole le prospect, mais on insulte le client. Rien d'étonnant, au fond. Le Français ne vénère-t-il pas la contradiction ? Détestant les choix clairs, n'est-il jamais aussi heureux qu'en période de cohabitation politique ? Toujours prompt à faire cocorico, ne revendique-t-il pas fièrement ses exceptions ? Qu'elles soient culturelles, artistiques, comportementales, économiques, sociales, fiscales, juridiques, politiques, peu importe. L'essentiel est toujours pour lui d'être différent et de ne jamais laisser aucun système, fut-il efficace, lui montrer l'exemple. Influencé par la philosophie distillée par ses professeurs tout au long de sa scolarité (« Tu ne copieras point »), rien ne lui est plus insupportable que d'imaginer que d'autres voies sont possibles, surtout si elles fonctionnent ou si elles ont été inventées ailleurs que chez lui. Nous préférons trop souvent inventer tout seul dans notre coin de mauvaises solutions plutôt que de nous inspirer des meilleures, au seul prétexte que nous n'en sommes pas à l'origine. Stratégie aussi stupide qu'improductive. Car contrairement aux idées reçues, copier n'est pas tricher. Cela n'a rien de honteux, et fait gagner un temps précieux.

Gaulois nous sommes, Gaulois nous restons. Il est temps de reconnaître que nous avons été jusqu'à présent incapables de gagner la bataille du sourire et de la gentillesse. Je me suis longtemps demandé ce qui nous empêchait de nous débarrasser de cette culture du persiflage permanent. Jusqu'à cet après-midi sinistre de décembre, où la troisième manifestation monstre du mois bloquait tout Paris et son activité économique. Incapable de pourfendre la foule avec mon scooter, j'ai dû me résoudre à faire un détour de six kilomètres pour me rendre à mon bureau. La réponse m'est alors apparue clairement. Aucun pays au monde ne revendique autant ses droits ni ne protège autant ses acquis, tout en assumant aussi peu ses devoirs. Aucune population au monde ne descend dans la rue pour tout et n'importe quoi comme nous le faisons, préférant depuis des siècles faire la révolution plutôt que des réformes. Le Français va à la manif avec la même jubilation apparente que s'il se rendrait à un pique-nique, banderoles, pétards et porte-voix en plus !

Encouragé par la lâcheté de ses dirigeants politiques, plus soucieux d'assurer leur réélection que d'honorer leurs promesses, pourquoi se priverait-il de ce moyen festif et efficace pour obtenir le retrait des réformes qui font mal, ou le maintien de ses avantages acquis, fussent-ils parfois dramatiquement anachroniques ? Un pays qui compte autant de manifestants « professionnels » prenant un tel plaisir à réciter des slogans compassés a-t-il un avenir ? Des citoyens habitués à « exiger toujours plus » au lieu de « contribuer un peu plus » sans tenir compte des réalités du monde sont-ils en droit d'accuser les autres de leur déclin ? Ne conviendrait-il pas de leur rappeler ce formidable conseil lancé par John Fitzgerald Kennedy à ses compatriotes à l'occasion de son discours inaugural en janvier 1961 ? « Ne vous demandez pas ce que l'Amérique peut faire pour vous, mais plutôt ce que vous pouvez faire pour l'Amérique. » Cinquante ans plus tard, posons-nous enfin cette même question, et abandonnons au plus vite nos postures aussi désastreuses qu'improductives. Personne ne nie les difficultés auxquels nous sommes confrontés. Tous les débats sont utiles, et toutes les opinions respectables. Ils seraient toutefois beaucoup plus féconds si nous acceptions de prendre notre part aux efforts nécessaires, plutôt que de tout exiger des autres ou de l'État.

Et si nous recommencions à contribuer plus qu'à revendiquer ? À inscrire le mot gentillesse sur le fronton de nos mairies ? À aimer faire plaisir aux autres plutôt qu'à les jalouser ? Non seulement nous retrouverions alors notre fierté perdue, mais la situation pourrait s'améliorer sur tous les fronts de façon spectaculaire. Car rien ne résiste à la bienveillance.

8
ça ne marchera jamais
Pessimisme vs. optimisme

« Les limites sont une invention de l'homme. »
Yannick Agnel

ça ne marchera jamais

Pessimisme vs. optimisme

Mercredi 5 novembre 2008. New York, sept heures du matin. Ma nuit a été courte, rivé aux images de CNN défilant sur mon téléviseur. Mais j'attends déjà mon tour dans la file d'attente du kiosque voisin pour acheter LE numéro « collector » du New York Times promis à mes amis en cas de victoire démocrate. Tous les passants que je croise échangent sourires complices et clins d'œil en guise de « *Yes, we did* » ! Nous venons de vivre le sacre « d'Obama l'entrepreneur ».

Y a-t-il plus belle histoire que celle de ce sénateur afro-américain alors âgé de quarante-sept ans, qui vient de faire la démonstration que rien n'est impossible à qui sait rêver grand ? Aucune étude de marché n'aurait en effet misé sur ses chances de succès dans la course à la Maison Blanche. Pas de fortune personnelle, un père Kenyan et une couleur de peau qui devaient le disqualifier, un deuxième prénom (Hussein) repoussoir aux yeux de l'Américain moyen traumatisé par la guerre en Irak et la croisade de George Bush Junior, une enfance forcément suspecte car passée dans un pays musulman, des compétiteurs (le clan Clinton) tenant fermement les rênes du Parti, une expérience limitée du pouvoir, et face à lui un vieux héros aigri prêt à tous les mensonges. « Ça ne marchera jamais ! », lui a-t-on mille fois répété.

Seulement voilà... Doté d'une intelligence supérieure, d'un charisme hors du commun et d'une force de travail inouïe (qui aurait résisté sans fatigue apparente à autant de voyages et au stress d'une campagne aussi violente ?), il a su croire en son destin et construire l'image d'un homme capable de rassembler une Amérique inquiète et divisée. Surmontant un à un chaque obstacle, il a fait preuve des qualités qui font les grands entrepreneurs : séduire, partager une vision, penser et agir autrement, attirer les talents, prendre des risques, ne jamais dénigrer ses concurrents, écouter ses « clients électeurs » et changer sans se renier, travailler d'arrache-pied sans jamais rien prendre pour acquis, surmonter les préjugés, faire rêver plutôt que faire peur.

Tout le monde n'est pas Barack Obama, me direz-vous, et que diable vient-il faire ici, cinq ans après son élection historique ? Non, tout le monde n'est pas Barack Obama, et tout le monde n'a pas non plus besoin d'être entrepreneur. Mais nous devrions tous posséder la seule qualité indispensable pour le devenir : le devoir d'optimisme. Seule façon d'avancer dans la vie, et plus encore dans LE pays où la première réaction à un projet est toujours un cinglant « Ça ne marchera jamais ! ». Qu'elle vienne de son conjoint, de sa maman ou de son banquier à qui on raconte son rêve, le résultat est le même : nous couper les ailes et nous rendre vulnérable. Tout de suite, le doute s'installe. Et s'ils avaient raison ? Et si c'était trop dangereux ? Et si je mettais en péril ce que j'ai si chèrement acquis jusqu'à présent ? Et si je n'en étais pas capable ? Et si j'étais nul ? Et si je n'avais pas les qualités nécessaires ? Et si… ça ne marchait pas, en effet ? Pas facile ensuite de remonter la pente et de vaincre les doutes. Non pas tant ceux des autres, dont le regard suffit parfois à nous anéantir, alors que nous devrions nous en affranchir. Mais bien les nôtres, qui n'attendaient que cela pour remonter à la surface, nous qui avions enfin réussi à les enfouir dans un petit coin de notre inconscient. Le simple fait de se poser ce type de questions nous limite. Et nous refuser le droit à l'erreur ou à l'échec nous paralyse.

Acheter un appartement. Créer sa boîte. Changer de job malgré la crise. Vivre une passion. Se lancer dans un challenge sportif un peu fou. Prendre une année sabbatique. Déménager dans la ville où l'on a toujours voulu habiter. Dire merde à son patron et quitter enfin une entreprise dont on ne partage pas les valeurs, et dans laquelle on se rend chaque matin l'estomac en tire-bouchon. Rares sont ceux d'entre nous pouvant sérieusement affirmer ne jamais avoir renoncé à un tel projet après que notre entourage ait tenté de nous en dissuader. Nous sommes humains, et donc influençables. Nous détestons le changement, et préférons le confort du statu quo. Nous sommes français, et donc facilement inquiets. Le déclin commence ainsi. La crainte d'échouer empêche la prise de risque. La fuite nous appauvrit. Et le renoncement interdit l'innovation.

La seule façon de lutter contre cette facilité est donc d'adopter dans nos vies personnelle et professionnelle une posture d'entrepreneur. Provoquer la chance plutôt que d'évoquer sa « poisse éternelle ». Ne s'en prendre qu'à soi-même plutôt que d'en vouloir à la terre entière. Savoir importer de l'angoisse et exporter de l'enthousiasme. Ne pas oublier qu'un message négatif peut tuer jusqu'à dix messages positifs. Garder le moral en toutes circonstances. Avoir envie de l'avenir et croire en soi quoi qu'il arrive. Savoir différencier le provisoire du définitif, le transitoire du permanent, se dire que « ça passera » en cas de coup dur et reconnaître qu'il y a rarement mort d'homme. Ne jamais croire qu'un échec est définitif. Voir les solutions, là où les autres ne voient que des problèmes ou des obstacles. Et comprendre que l'optimisme est contagieux.

Le plus difficile pour y parvenir est de nous débarrasser de tout ce qui nous limite. Nos propres croyances, nos expériences passées, le regard des autres sur notre tempérament supposé, les moqueries de notre entourage sur notre prétendue naïveté. Pour abandonner le *pourquoi* du pessimiste figé, adoptons le *comment* de l'optimiste actif, celui qui ne renonce jamais parce que c'est compliqué ou difficile, et qui ne s'arrête pas tant qu'il n'a pas trouvé le moyen d'atteindre son but. « Un con qui marche va plus loin que deux intellectuels assis », disait Michel Audiard. « *Winners never quit. Quitters never win* », affirment les Américains. Même idée. Les gagnants n'abandonnent jamais. Ceux qui abandonnent ne gagnent jamais. Pour venir à bout de nos doutes, préférons l'action qui renforce à l'introspection qui paralyse.

« J'ai décidé d'être heureux, parce que c'est bon pour la santé », écrivait Voltaire. À en croire le *New York Times*, l'esprit aurait en effet bien des pouvoirs sur le corps. Des chercheurs de Harvard auraient ainsi analysé les résultats de deux cents études reliant les fluctuations émotionnelles aux risques de développement de maladies cardio-vasculaires. Ils auraient ainsi découvert que « les individus qui cultivent l'optimisme ou l'espoir, et qui s'efforcent de mener une existence épanouie présentent un risque plus faible de maladies cardiaques ou d'AVC ». D'autres résultats avancent que les optimistes vivraient plus longtemps, réagiraient mieux face aux maladies et guériraient plus rapidement, tandis que des travaux scientifiques prouveraient que la gratitude et la bienveillance font gagner des années de vie en plus.

Retrouvons confiance en notre potentiel individuel, bien plus grand que nous ne le pensons. Utilisons notre pouvoir, qui a pour seule limite la force de notre esprit. Et rappelons-nous surtout qu'à défaut d'avoir du talent, nul n'est jamais à l'abri de la chance.

Et si ça marchait malgré tout ?

9
dans ce pays...
Dénigrement vs. fierté d'appartenance

> « Soyez le changement que
> vous voulez voir dans le monde. »
> *Gandhi*

dans ce pays...

Dénigrement vs. fierté d'appartenance

S'il est un chapitre dont le choix du titre m'a donné du fil à retordre, c'est bien celui-là. Impossible en effet de choisir celle des expressions courantes qui le résume le mieux. « Tous des nuls ! Y en a marre ! C'est foutu ! Je n'y suis pour rien ! Ce n'est pas mon problème ! Et puis quoi encore ? Ça m'est égal ! Avec ce que je gagne... » Derrière tous ces clichés, une seule et même posture face aux difficultés du moment : rien n'est de ma faute, plus d'avenir ici, courage fuyons ! Nous sommes devenus les champions internationaux de la critique stérile. Je râle, donc j'existe. Rien ni personne ne trouve plus grâce à nos yeux. Pas même la France, désormais objet de toutes nos frustrations et de la plupart de nos colères.

Mais s'il est une expression qui incarne mieux que tout autre la relation compliquée que nous entretenons avec Marianne, c'est bien celle consistant à désigner sans cesse « CE » pays plutôt que « NOTRE » pays, à chaque fois que nous avons un reproche à lui adresser ou une critique à formuler. Et Dieu sait si les occasions sont nombreuses. Pas un seul débat, pas une seule émission télé ou radio sans que ne surgisse à plusieurs reprises cette formule dédaigneuse, sans qu'elle ne choque ou ne surprenne plus personne. Objectif évident : affirmer notre mépris envers nos compatriotes ou ceux qui nous dirigent, nous démarquer des uns comme des autres et surtout n'être jamais solidaires des décisions qu'ils prennent ou des choix qu'ils font en notre nom.

Un peu comme si nous n'étions pas redevables envers la nation qui nous a instruits, nourris et protégés, ni responsables en rien de ce qui peut lui advenir. C'est oublier un peu vite que nous vivons dans une démocratie élective, et que nous sommes tous collectivement responsables de nos choix, bons ou mauvais. Cette incroyable capacité à nous détacher de notre environnement naturel et à établir une frontière étanche entre ce que nous pensons être nos immenses qualités personnelles et l'incompétence que nous attribuons aux autres est d'autant plus surprenante qu'elle semble devenue parfaitement naturelle et légitime.

Témoin assidu de la politique française, je n'ai jamais entendu aucun de ses acteurs ou commentateurs réagir à l'utilisation de cette expression, quel que soit le bord politique auquel il appartient. Elle s'est du coup largement répandue et installée dans notre quotidien, permettant à chacun d'entre nous de s'élever en juge de paix intransigeant de notre incompétence collective. Au café du coin ou à l'occasion d'un dîner entre amis, il est du dernier chic de faire ainsi comprendre à qui veut l'entendre que l'on n'a rien à voir avec la chienlit du moment, et que les choses iraient beaucoup mieux si on était aux affaires.

Je peux me tromper, mais je fais le pari qu'un homme ou une femme politique qui s'obligerait à ne plus jamais parler de CE pays, mais systématiquement du SIEN, marquerait des points dans l'opinion. Car à l'instar des images subliminales, insérées dans leurs créations par des publicitaires manipulateurs pour nous donner envie de leurs produits, nul doute que le dénigrement méthodique de la communauté à laquelle on appartient et que l'on prétend défendre finit toujours par discréditer ses auteurs, sans même qu'ils s'en rendent compte. L'exercice vaut bien sûr au quotidien pour chacun d'entre nous, si nous voulons retrouver une forme de solidarité indispensable à la renaissance que chacun appelle de ses vœux.

Il vaut aussi au sein des entreprises, où sévit partout le même type de distanciation. Combien d'entre nous évoquent ainsi « cette boîte » à chaque fois qu'ils évoquent la collectivité professionnelle à laquelle ils sont censés appartenir ou qu'ils ont un reproche à lui adresser ? Combien s'expriment en disant toujours « ils » plutôt que « nous » ? « Leur » produit plutôt que « le nôtre » ? « La Direction » plutôt que « je » ? C'est « leur » politique, « Ils » ne remboursent pas sans ticket de caisse, « Ils » n'échangent jamais un article qui a été ouvert. Autant d'expressions qui en disent long sur l'absence totale de sentiment d'appartenance à l'entreprise, et démontrent la volonté de s'en différencier à tout prix. En nous distançant ainsi de l'organisation que nous sommes supposés incarner, nous envoyons un message fort à nos clients : « Je vous conseille d'aller voir ailleurs, car cette entreprise est détestable et je n'ai aucune envie de me défoncer pour ces abrutis qui la dirigent, ni d'ailleurs pour vous ! ».

Constat identique à l'extérieur de nos frontières, où il est facile de mesurer l'écart grandissant qui nous sépare de nos voisins… « Quelle différence avec la France ! Quel contraste entre leur énergie communicative et notre dépression collective ! Quel bonheur de travailler avec des gens qui ont la pêche ! » À peine posé le pied sur le sol américain ou asiatique, la même impression envahit quiconque s'absente de nos rivages pour y passer ses vacances ou y faire la promotion des produits ou services de son entreprise sur les marchés internationaux. Et la tentation est bien sûr immédiate d'y dénigrer l'Hexagone à chaque fois qu'un habitant du pays visité nous interroge sur la situation française…

J'avoue ne pas y échapper de temps en temps, tant est grande la frustration de voir en permanence résumée la cinquième puissance mondiale à trois chiffres clés : 75, 60 et 35 ! « Comment pouvez-vous taxer à 75% ceux qui créent de la richesse et des emplois, prendre votre retraite à 60 ans et espérer vous en sortir en ne travaillant que 35 heures par semaine ? » Pas une seule rencontre qui ne commence ou ne se poursuive désormais avec cette question lancinante qui me fait mal à chaque fois, et m'oblige à une gymnastique compliquée proche de la schizophrénie.

Vaut-il mieux dans ces conditions se désolidariser de son pays, ses dirigeants, son gouvernement, sa politique, au risque d'aggraver plus encore notre image, ou bien faut-il se gratter la tête pour trouver des arguments permettant d'expliquer pourquoi la France reste malgré tout un pays formidable ? Doit-on surfer sur la vague du « tout fout le camp », ou préférer rappeler ce qui n'y fonctionne pas si mal, voire mieux qu'ailleurs ? Est-il possible de faire croire à nos interlocuteurs que nous sommes *business friendly* à l'heure où certains ministres multiplient les messages contradictoires en faisant capoter des deals avec des investisseurs étrangers ? Peut-on être vraiment crédible quand on défend des décisions avec lesquelles on est en profond désaccord ou quand un homme politique français postulant au poste de Premier Ministre affirme « qu'enseigner l'entrepreneuriat à l'école revient à inculquer la cupidité aux enfants » ? La réponse est non. Mais l'impasse dans laquelle nous nous trouvons nous oblige pourtant à nous faire violence, et ce pour deux raisons principales.

Participer en dehors de nos frontières au *France bashing* ne fait que ralentir la croissance et retarder le redémarrage de notre économie. Dans un monde ouvert et compétitif, chacun de nous doit donc se comporter en ambassadeur du pays qu'il représente à l'étranger.

Nul ne peut vendre ses produits ou ses services en se prévalant de la marque France s'il n'est pas fier des valeurs qui y sont associées ou s'il les critique en permanence. Comment en effet convaincre un client d'acheter à quelqu'un qui dénigre ce qu'il vend ? À défaut d'être convaincus par cette méthode Coué, tentons-la au moins pour booster notre chiffre d'affaires, qui a bien du mal à se contenter du marché national…

Certes, tout atteste que le dénigrement permanent est une vieille passion hexagonale, réputée aussi ancienne que notre histoire. Les élites semblent ainsi avoir toujours dénoncé la bêtise insondable d'un peuple détestable, et le peuple l'éloignement grandissant d'élites autistes et méprisables. Du Moyen Âge à la Révolution en passant par le début du XX\ :sup:`e` siècle, les exemples abondent de cette détestation réciproque et de cette incompréhension généralisée. Sans oublier le très respectable Général de Gaulle, qui avait coutume de rappeler que les Français étaient des veaux. Mais cette passion prend aujourd'hui des proportions inédites, indécentes et dangereuses.

Inédites, parce que nous n'avons jamais autant critiqué tout, tout le monde, tout le temps, en toute occasion. Indécentes, parce que nous nous affranchissons systématiquement de toute responsabilité individuelle ou collective dans les désastres que nous dénonçons. Et dangereuses, parce qu'en agissant ainsi, nous contribuons à aggraver la situation. Le pessimisme est encore plus contagieux que l'optimisme, tant il est plus facile de critiquer ou de détruire que de construire. Mais soyons honnêtes. Quelle satisfaction retirons-nous de cette passion française, si tant est qu'il y en ait une ? Dénigrer ne produit-il pas un effet contraire à celui désiré, à savoir révéler notre propre incapacité à agir ? Au fond de nous-même, ne ressentons-nous pas de temps en temps une forme de gêne, voire de honte, face à nos vaines vociférations ?

Le Français se méfie de tout le monde, et d'abord de lui-même. Il veut tout et son contraire, incapable de choisir. Jamais aussi heureux qu'en période de cohabitation politique, il passe en permanence d'une contradiction à une autre. Il déteste les conflits, mais ne cesse de les provoquer ou de les attiser, préférant toujours les révolutions aux réformes. Il exige l'exemplarité, mais déteste se l'appliquer à lui-même.

Une critique n'a d'intérêt que si elle permet d'avancer et si elle s'accompagne de solutions. Or, c'est bien là que le bât blesse. Car si le Français est devenu le champion du jugement à l'emporte-pièce, il s'avère beaucoup plus rarement force de propositions.

« Y en a marre. »

OK, et puis après, on fait quoi ?

« Tous des nuls ! »

Tu as raison. Mais que proposes-tu ?

« C'est foutu. »

Bien sûr, et donc… ?

« Je n'y suis pour rien. »

Ah oui, vraiment ?

« On a déjà tout essayé. »

Bien sûr, puisque l'on teste en boucle depuis des années les mêmes vieilles recettes anachroniques !

Aucun progrès n'est atteignable sans une forme minimale d'appartenance à une communauté. Aucun pays ne peut réussir sans solidarité. Aucun succès n'est possible sans fierté. Il est grand temps de s'en souvenir, et d'arrêter de critiquer CE pays…

10
à l'étranger
Xénophobie vs. ouverture

> « La terre compte cinquante-trois millions de Français et trois milliards d'étrangers. »
>
> *Pierre Daninos*

à l'étranger

Xénophobie vs. ouverture

Attention, danger ! Voilà une habitude qu'il va être difficile de faire évoluer rapidement, tant elle est ancrée en nous depuis notre plus tendre enfance, qui que nous soyons et quelle qu'ait été notre éducation. L'étranger… Huit lettres pour désigner celui ou celle qui n'est pas d'un pays, d'une nation donnée, qui est d'une autre nationalité ou sans nationalité, ou plus largement qui est d'une communauté géographique différente de la nôtre.

S'il nous arrive souvent d'avoir à décrire ou à nommer celui qui ne nous ressemble pas, ne parle pas notre langue, ne se nourrit pas, ne pense pas, ne prie pas, ne vit pas, n'aime pas comme nous, il est regrettable que nous n'ayons jamais trouvé d'expression plus positive que celle-ci. Car d'étranger à « étrange » (qui frappe par son caractère singulier, insolite, surprenant, bizarre), voire anormal ou dangereux, il n'y a qu'un pas que beaucoup franchissent allègrement lorsqu'il s'agit de faire de lui le bouc émissaire de tous nos maux. La xénophobie et le racisme ne sont jamais loin, qui nous empêchent de voir dans « l'étranger » un alter ego avec qui nous pourrions utilement échanger, vivre, travailler, réfléchir.

N'est-il pas en effet devenu courant de désigner « l'autre » (qu'il soit plombier polonais, ouvrier chinois, banquier américain, chancelier allemand, parlementaire européen ou simple voisin musulman) comme l'origine et la cause de tous nos malheurs ? Au cœur de nombreux fantasmes, cet inconnu menaçant s'avère bien utile pour éviter de repérer nos propres faiblesses et ne pas assumer nos responsabilités. Ne continue-t-on pas à préférer un « p'tit gars bien de chez nous » à un étranger qui débarque, et dont il convient forcément de se méfier ? Le médecin venu du bout du monde qui s'installe actuellement dans un village français reculé n'est-il pas dans un premier temps accueilli avec inquiétude par les habitants de la campagne ? Que vient-il faire ici ? « Leurs » écoles de médecine sont-elles aussi bonnes que les « nôtres » ? Est-il vraiment compétent, s'il n'est pas français ?

Vive le local, sus au global ! Il est temps d'embrasser l'idée d'une communauté de destin. D'accepter que nous avons beaucoup à apprendre de ces hommes et ces femmes parfois si différents de nous, et dont beaucoup préfèrent le pragmatisme à l'idéologie. Une excellente habitude dont nous ferions bien de nous inspirer. Alors qu'il est perçu comme une menace, « l'autre » est toujours une source inépuisable de confrontation positive, et donc de progrès. Mais devenu le réceptacle naturel de nos peurs, il est au contraire le punching ball idéal de nos frustrations. Considérer tout ce qui n'est pas français comme « étranger » nous isole chaque jour un peu plus. Arrêtons de vivre dans une bulle, loin des réalités du monde. Soyons curieux des autres. Laissons les bonnes idées venues d'ailleurs pénétrer nos rivages, et cessons de les critiquer au seul prétexte qu'elles ne sont pas nées « chez nous », dans le lit douillet de nos certitudes et de nos habitudes.

Aucun domaine de la vie n'échappe en effet à la supériorité supposée de ce que nous persistons à appeler le « modèle français ». Avec les résultats que l'on sait. Chômage persistant, croissance en berne, banlieues en feu, multiplication des délocalisations, explosion des revendications, montée des extrémismes, fuite des cerveaux, évasion fiscale, perte d'influence en

Europe et dans le monde, système éducatif inadapté et hôpitaux en voie de paupérisation, disparition de la valeur travail, culte de la RTT (dont les mauvais esprits préfèrent l'appeler « Reviens de Temps en Temps »), déficit abyssal, divorce entre salariés et dirigeants, discrédit de la classe politique, incapacité à expérimenter des voies nouvelles, pressions de la rue, déficit du dialogue social, institutions contestées, etc.

Je me souviens d'une entreprise qui imposait le paiement d'une amende symbolique à n'importe lequel de ses collaborateurs à chaque fois qu'il prononçait le mot étranger. Désireux de s'internationaliser, son dirigeant avait inventé cet « impôt local » pour faire évoluer les esprits et pour que ses équipes voient désormais la planète comme leur terrain de jeu naturel. Sans doute l'exercice n'a-t-il pas été facile au début. Car par quoi remplacer cette expression ancestrale ? En tant que peuple insulaire, les Anglais ont la chance de pouvoir utiliser « outre-mer » (*overseas*), qui invite au voyage et à la découverte. Mais quand on est français, comment décrire ce qui dépasse nos frontières ou nommer ces gens si lointains ou si différents ? Faut-il les appeler nos voisins ? Nos collègues ? Nos équipes locales ? Faut-il se contenter de citer leur pays ou leur nationalité ? Parler du Brésil, des Indiens, de l'Afrique ? Au fond, je n'en sais rien et peu m'importe.

L'essentiel est de rayer définitivement le mot « étranger » de notre vocabulaire afin d'éliminer tout risque de connotation négative, voire d'amalgame anachronique. Si l'expression « partir à l'étranger » comporte une dose naturelle de mystère et d'excitation, reconnaissons en effet qu'elle n'a plus grand sens à l'époque d'internet, de Google Earth et de Skype. À l'heure où un simple clic nous permet de visiter en *direct live* les chambres de n'importe quel hôtel dans le monde, de se balader dans n'importe quelle rue de la planète en 3D et d'échanger gratuitement en visio-conférence avec n'importe qui où qu'il soit, acceptons enfin l'idée que la planète interconnectée est devenue un village qui regorge d'opportunités bien plus que de menaces. Arrêtons de croire que tous nos ennuis viennent de Bruxelles, Wall Street ou Shanghai, et concentrons-nous sur nos propres faiblesses pour mieux les surmonter.

Ouvrons-nous aux autres. Apprenons d'eux. Mutualisons nos bonnes pratiques. Observons nos différences et copions ce qu'ils font mieux que nous. Prenons l'air du large, et partons sans a priori ni œillères à la découverte de tout ce qui ne nous ressemble pas.

11
c'était mieux avant

Lâcheté vs. courage

> « L'avenir m'intéresse,
> car c'est là où j'ai l'intention
> de passer le reste de ma vie. »
>
> *Woody Allen*

c'était mieux avant

Lâcheté vs. courage

Je suis toujours fasciné par la capacité de chaque génération à critiquer celle qui lui succède et à s'inquiéter de la façon dont elle prend le relais. Un phénomène souvent appelé celui du « vieux con ». Nul n'y échappe, tant il est fréquent que des étudiants en deuxième année de fac s'étonnent de l'attitude d'adolescents à peine plus jeunes qu'eux. « De mon temps… », « quand j'étais gamin… », « à mon époque… », etc. sont autant d'expressions que nous utilisons tous à un moment ou un autre de notre vie, sans même nous rendre compte du ridicule de nos propos. Une bizarrerie qui dure probablement depuis des siècles. Car soyons sérieux. S'il suffisait en effet de dix ou vingt ans pour que le comportement d'une génération dégénère au point de menacer le socle de valeurs sur lesquelles se construit une société ou son avenir, imaginez dans quel état serait le monde aujourd'hui. Or, il n'en est rien, et la planète connaît même régulièrement des avancées technologiques, économiques, médicales, intellectuelles, sociales et politiques remarquables qui devraient nous inviter à plus de discernement.

De la même façon, il est devenu naturel pour les jeunes, qu'ils soient lycéens, étudiants ou au début de leur vie professionnelle de considérer que leurs parents ou leurs grands-parents ont eu la chance d'avoir une existence infiniment plus agréable que la leur. « C'était tellement plus facile avant ! ». Ah oui, vraiment ? Ceux qui s'expriment ainsi ont-ils seulement réfléchi à ce que cela implique de grandir dans un pays en guerre, occupé par une armée voisine qui traque, déporte et exécute tous ceux qui ne sont pas nés dans le bon camp ? Est-il plus difficile de se battre aujourd'hui pour trouver un job, ou de fuir sa patrie pour échapper à une mort certaine ? Est-il plus douloureux de travailler jusqu'à soixante-cinq ans dans un bureau, ou de mourir à quarante d'un travail physiquement épuisant dans une mine ? Ceux qui se pensent victimes de notre époque ont-ils la moindre idée de ce que l'on ressent quand on doit mendier pour nourrir ses enfants ? Imaginent-ils ce que représentait la perspective du goulag qui a plané pendant des décennies au-dessus de la tête de tous ceux qui osaient exprimer des opinions contraires au pouvoir en place dans l'ex-Union Soviétique ? Croient-ils vraiment que la crise a démarré en 2008 avec la faillite de Lehman Brothers, alors que la France passe en permanence d'une crise à une autre depuis le premier choc pétrolier de 1973 ?

Mais surtout, savent-ils combien nous vivons tous mieux aujourd'hui qu'à n'importe quelle autre époque de notre histoire ? Ont-ils conscience de la chance qu'ils ont de profiter de la révolution digitale, de l'aventure européenne et de la mondialisation ? Comprennent-ils le pouvoir de création et le potentiel d'épanouissement dont ils disposent en s'abonnant à internet moyennant quelques dizaines d'euros par mois ? Perçoivent-ils le potentiel qui s'ouvre à ceux qui sauront marier révolution énergétique et technologique, ou à ceux qui sauront mettre le monde en réseau en mobilisant toutes les intelligences ? Mesurent-ils la chance incroyable consistant à joindre quiconque, où que nous nous trouvions, et ce de façon quasi gratuite ? Voient-ils les perspectives qui s'ouvrent à tous ceux qui sauront hiérarchiser l'information à l'heure de « l'infobésité » ? Réalisent-ils que l'Europe vit en paix depuis plus de soixante ans pour la première fois de son histoire, et qu'il suffit de douze heures d'avion pour aller au bout du monde dans des conditions de confort exceptionnelles sans faire la moindre escale ? Oublient-ils que nous bénéficions de l'un des meilleurs systèmes de santé au monde, et qu'il n'est nul besoin en France de dégainer sa carte de crédit avant d'être pris en charge et de bénéficier des meilleurs soins dans les meilleurs hôpitaux du monde ?

N'est-il pas temps d'arrêter de considérer ces avancées comme un dû, et de recommencer à apprécier ce qui est à la portée de chacun d'entre nous, plutôt que de se complaire dans une nostalgie qui ne mène à rien, si ce n'est à l'absence de perspectives ? N'est-il pas urgent d'apprendre à râler moins pour vivre mieux ? À profiter du moment présent, sans regarder systématiquement dans le rétroviseur ? L'enjeu est de taille, tant est grande notre incapacité collective à remettre en cause les privilèges que nous considérons comme des acquis, au simple prétexte que nous vivons dans un monde inquiétant, et qu'il faut nous en protéger plutôt que de nous y préparer.

Non, tout n'était pas mieux avant. Non, tout n'a pas encore été essayé. Oui, nous vivons grâce aux nouvelles technologies une époque formidablement excitante. Oui, France peut encore rimer avec courage et ambition. Invité du Salon des Entrepreneurs, l'emblématique Bill Gates livrait en ces termes l'un des secrets de son succès planétaire : « il faut apprendre à se démoder soi-même, avant que d'autres ne s'en occupent ». Qui ne risque rien n'a rien. Traduction possible à l'attention des politiques : remettez tout en cause, même ce qui marche encore. Arrêtez d'empiler des lois inapplicables sans jamais faire le ménage dans celles qui sont devenues obsolètes. Inscrivez-vous dans l'action plutôt que la nostalgie. Autrement dit : soyez courageux, et ne cédez pas une fois élus aux inévitables pressions du court terme ou de la rue. Si ça marche (et ça marchera !), nul doute que les plus réticents d'aujourd'hui seront les premiers à affirmer avoir toujours cru en vous ! Un phénomène que les entrepreneurs connaissent mieux que personne…

Il y a donc bien désormais deux France. L'une ouverte, conquérante, bilingue et optimiste, que même la fiscalité la plus stupide et la plus confiscatoire au monde n'a pas réussi à dissuader de créer et de prendre des risques. C'est dire si elle mérite le respect de tous, y compris et surtout de ceux qui mettent régulièrement tout en œuvre pour la faire fuir vers des cieux plus accueillants, ces pompiers pyromanes qui se demandent aujourd'hui comment renouer avec une population qu'ils ont insultée et à laquelle ils ne comprennent rien. Et l'autre, tétanisée par la peur et recroquevillée sur ce qu'elle croit être des acquis qu'il faudrait préserver coûte que coûte, et qui continue à nier la réalité. À l'heure où des pans entiers de l'économie sont menacés par le tsunami numérique et l'ambition immense de jeunes pays émergents dont les habitants ne comptent pas leurs heures, n'est-il pas temps de rappeler le proverbe indien affirmant « qu'un arbre qui tombe fait plus de bruit qu'une forêt qui pousse » ?

Car bien évidemment, des arbres tombent quand on vit un changement de monde aussi profond, rapide et brutal que celui dans lequel nous nous débattons tous depuis cinq ans. Nul doute que de nombreux autres arbres vont continuer à chuter dans les mois et les années à venir, malgré les bonnes volontés déployées pour leur « redressement productif » et autres « pactes de croissance ». Il y aura bien évidemment des gagnants et des perdants, comme dans toutes les révolutions industrielles. Mais plutôt que de s'accrocher à de vieilles chimères sans avenir, ne devrions-nous pas mettre davantage en valeur ces jeunes pousses sans complexes qui ne nourrissent aucune nostalgie envers le passé ?

Chantres de la destruction créatrice chère à Schumpeter, les jeunes entrepreneurs français sont en train de planter les forêts de demain. Alors arrêtons de regarder dans le rétroviseur, acceptons la réalité telle qu'elle est, et accompagnons le seul élan qui mérite tous nos efforts. Ne devrions-nous pas replonger dans nos manuels d'histoire et nous rappeler les peurs qu'a suscitées chaque révolution industrielle depuis des décennies ? C'est ainsi, et ainsi seulement, que notre pays retrouvera le chemin de la croissance et de l'optimisme. Arrêtons de regretter le monde d'hier. Il ne reviendra pas. Certes, c'était bien avant. Mais ça pourrait bien être encore mieux demain !

12
on a toujours fait comme ça
Routine vs. Renaissance

> « En regardant passer les trains de la modernité,
> nous laissons s'enfuir notre destin. »
>
> *Jacques Séguéla*

on a toujours fait comme ça

Routine vs. Renaissance

Voilà une dernière habitude à combattre de toute urgence. Celle de croire que le simple fait « d'avoir toujours fait comme ça » nous dispense d'explorer de nouvelles voies. Un peu comme si la reconduction permanente et systématique des mêmes méthodes et des mêmes recettes avait la moindre validité à l'heure de Google, Twitter, Instagram, Tumblr, Spotify, Deezer, iPad et autres Facebook. À une époque où une bonne idée peut changer le monde et convertir la planète à son usage en quelques semaines, comment croire que nos vieilles routines rouillées puissent avoir le moindre avenir, au seul prétexte qu'elles ont bien fonctionné jusqu'à présent ?

Sans doute les dirigeants de Kodak l'ont-ils cru longtemps, refusant de voir dans la photo numérique l'avenir du géant américain de Rochester. Alors qu'ils avaient dans leurs rangs celui qui avait conçu le premier appareil photographique digital, ils ont longtemps préféré l'écarter pour ne se couper aucune des deux jambes sur lesquelles reposait leur fortune : les pellicules et le tirage photos. L'entreprise a déposé son bilan en janvier 2012...

À une époque où internet répond à presque tous nos besoins vingt-quatre heures sur vingt-quatre et sept jours sur sept, est-il sincèrement raisonnable d'interdire aux commerçants et aux salariés qui le souhaitent d'ouvrir et de travailler le dimanche ? À l'heure du numérique qui réinvente les métiers à la vitesse de la lumière, peut-on encore croire à l'emploi à vie ? Dans le village global, vaut-il mieux continuer à protéger des industries sans avenir à un coût pharaonique, ou bien se rêver en Silicon Valley à la française comme l'a fait – et réussi – dans son pays Toomas-Hendrik Ilves, le président de l'Estonie ? Face à l'explosion du chômage de masse qui touche notamment les plus jeunes, pouvons-nous encore revendiquer un soi-disant modèle social français et nous accrocher aux trente-cinq heures, que personne au monde n'a jamais souhaité copier ? Malgré l'incapacité absolue à le comprendre et à le respecter, pourquoi conserver un code du travail riche de 3 200 pages et qui s'enrichit d'une page tous les trois jours, empêchant la fluidité du marché nécessaire à la sortie de crise ? Est-il besoin de rappeler que les cinquante-quatre articles de son homologue suisse tiennent sur une trentaine de pages, sans pour autant que nos voisins helvétiques ne souffrent d'une quelconque maltraitance ? À l'heure où la hausse des impôts n'a jamais été aussi douloureuse pour tous sans produire le moindre résultat positif, pourquoi refuser un Big Bang fiscal accompagné d'une réduction drastique des dépenses publiques ?

Et si derrière cette passion pour le statu quo pointait surtout celle des avantages acquis ? Je suis pour les réformes, mais à condition que rien ne change pour moi ! J'exige la garantie sans le risque, l'État-providence sans la dette, l'argent sans le travail, l'hyperconsommation sans la pollution, le plaisir sans l'effort. Sans doute cette posture franco-française a-t-elle constitué jusqu'à une date récente un réel obstacle à tout changement. Mais peut-être les Français sont-ils aujourd'hui capables de penser autrement et d'accepter une thérapie de choc. Car ils réalisent qu'aucun des efforts qui leur ont été demandés ne semble jusqu'à présent avoir porté ses fruits. Les réformes impressionnistes, par petites touches, sont devenues inopérantes. Vouloir faire plaisir à tout le monde revient à ne faire plaisir à personne. L'eau tiède n'a jamais rafraîchi ni réchauffé qui que ce soit. Les esprits sont prêts. Ne manque plus que le courage politique d'un homme ou d'une femme dont l'unique obsession ne serait pas sa réélection.

« Ma qualité principale est d'avoir toujours pratiqué l'insatisfaction active et d'avoir toujours su me remettre en cause », aimait répéter Bernard Darty, fondateur de la chaîne éponyme. Ce qui vaut pour le business vaut aussi pour nos vies personnelles. L'ennui fatigue et tue la créativité. La passion donne des ailes. Immobilisme et arrogance sont synonymes d'échec garanti à court ou moyen terme. Quiconque est convaincu de détenir la vérité ou s'avère incapable de remettre en cause ses habitudes ne devrait pas tarder à en payer le prix. Car la routine nous enferme dans un monde figé et nous empêche de nous émerveiller. Nos petites manies nous rassurent, mais elles nous interdisent de voir la vie avec le regard de l'enfant qui découvre le monde et s'en étonne. En nous privant de vivre régulièrement de nouvelles émotions, elles nous condamnent à vieillir prématurément.

Alors pourquoi ne pas commencer dès aujourd'hui, chacun à notre place ? Prendre ce matin une route différente pour nous rendre à notre travail. Renouveler notre stock de CD's qui traînent dans la boîte à gants de la voiture depuis deux ans, ou passer pour une fois d'Europe 1 à BFM Business, ou de France Inter à RTL. Descendre du métro, du bus ou du tramway une station plus tôt (ou plus tard), en effectuant le reste du chemin à pied. Tenter à midi un nouvel endroit pour déjeuner, et proposer à l'un de nos collègues avec qui nous n'avons jamais passé plus de cinq minutes de nous accompagner. Convier à une réunion des collaborateurs ou des collègues qui n'y participent jamais, et dont le regard neuf ne serait pas inutile pour résoudre un problème auquel personne n'a été capable de trouver une solution depuis des mois. Convoquer pour la première fois un jeudi matin une réunion qui se tient depuis dix ans le lundi après-midi. Ne pas s'asseoir à la même place que celle que nous choisissons depuis vingt ans dans la même salle de réunion. Proposer à l'un de nos collaborateurs ou collègues de s'installer derrière notre bureau (préalablement débarrassé de tout document personnel ou confidentiel, écran d'ordinateur éteint) et de lui faire face le temps d'une réunion, histoire de changer de point de vue. Laisser ouverte la porte de notre bureau que nous refermons consciencieusement à chaque passage depuis que nous en avons pris possession. Partir faire ses courses dans un nouveau quartier ou un magasin différent, plutôt que d'arpenter les rues ou les rayons que nous connaissons par cœur de façon mécanique sans prêter la moindre attention à ce qui nous entoure. Décider pour une fois de ne pas passer ses vacances dans le même pays, sur la même plage ou dans le même camping, parce qu'on y a ses habitudes rassurantes.

Soit autant de changements anodins qui n'ont l'air de rien pris séparément, mais qui sont de très bons premiers pas pour quiconque souhaite se remettre en cause. Un excellent moyen aussi de comprendre que changer un peu fait mal, mais que changer beaucoup ne fait pas beaucoup plus mal. La meilleure façon, surtout, de se convaincre que la vie est excitante, riche de mille manières de faire et de penser, et que la nôtre n'est pas forcément la seule qui mérite le respect.

Le changement de monde que nous sommes en train de vivre oblige chacun de nous à accepter l'idée que plus rien ne sera jamais comme avant. Plutôt que de regretter une époque révolue, arrêtons de pleurer ce que nous risquons de perdre, et concentrons-nous sur ce que nous pourrions gagner. Alors, et alors seulement, deviendrons-nous capables d'abandonner notre routine pour mieux embrasser la renaissance qui se prépare.

conclusion

« Ce n'est pas le tout d'être heureux,
encore faut-il que les autres ne le soient pas… »

Jules Renard

conclusion

Nous voilà parvenus au terme de ce voyage que j'aurais pu intituler « Mots pour maux ». Ce livre n'est pas celui d'un coach, avec ses méthodes, ses trucs et ses techniques de formation. C'est celui d'un citoyen ordinaire, convaincu que la vie est belle et qu'elle vaut toujours la peine d'être vécue passionnément. Un optimiste incorrigible, qui s'est dit un jour qu'il suffirait de pas grand-chose pour que la France retrouve le sourire et sorte au plus vite de l'impasse dans laquelle elle se croit enfermée. Un entrepreneur frustré que tant de jeunes Français (et de moins jeunes) ne voient plus désormais leur salut que dans l'exil vers des cieux réputés moins sombres ou plus accueillants. Un observateur qui a toujours prôné les vertus du risque, du courage et de l'échec pour avancer dans la vie. Un pragmatique, convaincu qu'action et détermination finissent toujours par avoir raison de tous les pessimismes. Un Français persuadé que le vrai risque réside moins dans l'avenir lui-même que dans la représentation que chacun de nous s'en fait.

Mon objectif n'est pas de vous inviter à changer avec des recettes toutes faites, et moins encore de vous dire comment vous y prendre. À chacun son truc. J'ai simplement voulu vous faire prendre conscience de notre responsabilité collective dans le pessimisme outrancier de nos concitoyens, au point où ils semblent ne plus se supporter les uns les autres. Chacun fait sa crise de nerfs dans son coin, se sent ignoré, détesté ou méprisé. La lutte des classes est de retour. L'envie destructrice et ses ravages sévissent à nouveau. Chaque catégorie sociale juge à nouveau l'autre responsable de tous ses malheurs, lui envie ce qu'elle croit être ses privilèges et dénonce la « faute à pas de chance » quand elle évoque sa situation personnelle. Éternelle échappatoire de ceux qui refusent toute responsabilité dans les situations dont ils disent souffrir…

C'est ainsi que le Français applaudit son voisin lorsqu'il gagne à l'Euro Millions ou au tiercé, mais qu'il juge indécente la fortune acquise par un entrepreneur, car s'enrichir par son travail est toujours pour lui synonyme de l'avoir fait sur le dos des autres. Tout comme la rémunération délirante des footballeurs stars ne lui pose aucun problème existentiel, au motif probable que ces derniers lui font oublier ses problèmes ou le font rêver, assis devant sa télévision. On peut chez nous devenir riche par hasard, mais le faire par son travail est forcément suspect. En révélant au monde l'incapacité de la France à retenir ses talents assommés d'impôts en tous genres, l'affaire du « minable Depardieu » nous a fait perdre des années d'effort pour séduire et attirer les meilleurs de la planète.

Nul ne peut bien sûr affirmer que le Français n'aime pas l'argent. Mais il est évident qu'il n'aime pas celui des autres. Et qu'à défaut d'accepter les règles permettant d'en gagner plus, il préfère honnir celui qui en gagne trop. Le détestable « Casse-toi, riche con » de *Libé* n'est jamais loin. Nous ne tolérons ici la richesse que si elle est acquise par héritage ou par chance. Soit une drôle de conception de l'effort et de la responsabilité. La multiplication des affaires récentes, au premier rang desquelles la fameuse affaire Cahuzac, a abouti à une dramatique équation : pauvreté = probité. Vivons chichement pour être respectable. Impossible à un « riche » d'être vraiment patriote. La pathétique publication récente du patrimoine des ministres fut édifiante à cet égard. Mal gérer son épargne, voire n'en posséder aucune, et surtout ne jamais avoir investi un seul euro dans l'économie française furent alors une source de fierté collective pour les membres du gouvernement ! Sans doute ce grand déballage deviendra-t-il bientôt un marqueur de la présidence de François Hollande, les vrais héros de cette caricature ayant été les plus pauvres de ses ministres, chacun s'efforçant de minimiser tout ce qui pouvait l'être dans ce qu'il possédait.

Entendons-nous bien. Il ne s'agit pas ici de transformer les Français en Américains vous annonçant fièrement leur salaire en même temps qu'ils se présentent à vous pour la première fois. Un excès aussi ridicule que ceux dont nous sommes coutumiers. Mais il faut rappeler que la détestation de la richesse et la honte de la réussite sont un frein considérable à la sortie de crise. Car contrairement aux discours dans l'air du temps, le succès profite généralement à tout le monde, et ce malgré les rares excès condamnables de certains. Aucune voiture de luxe n'est jamais rayée par une clé jalouse aux États-Unis, car celui qui n'en a pas les moyens préfère rêver à celle qu'il s'offrira un jour, plus belle encore, et met tout en œuvre pour y parvenir.

Rien de tel ici, où l'on préfère se convaincre que l'argent est forcément sale. Et plutôt que de se concentrer sur l'amélioration de sa propre situation par le travail, dépenser une énergie considérable à jalouser son voisin ou celui que l'on estime être son ennemi. Ne croyant plus en grand-chose, le Français se réfugie trop souvent dans le ressentiment, le déni ou l'inaction. Voire souvent dans les trois.

Tout cela ne mène nulle part. Ou plutôt si, au déclin, qui n'est pas pour autant une fatalité. Interrogés par le Cevipof et la Fondation Jean Jaurès en janvier 2013, 51% des Français le jugeaient inéluctable. Ce qui laisse heureusement 49% d'entre eux qui pensent le contraire. Éternelle ligne de fracture d'un pays incapable de s'accorder sur l'essentiel. Il est temps d'admettre qu'émulation et ambition sont de formidables moteurs qui profitent à tout le monde. Que le Français doit changer son rapport à l'argent. Que ceux qui partent aujourd'hui ne reviendront plus, si la réussite continue à être à ce point jalousée dans le pays qui les a si bien instruits et si bien formés. Qu'un peuple qui n'aime pas et ne respecte pas ses entrepreneurs n'a aucune chance de faire la course en tête. Qu'un pays qui préfère l'idéologie au pragmatisme finit toujours par payer le prix de ses excès. Que remplacer la devise « Liberté, Égalité, Fraternité » par « Fiscalité, Envie, Assistance », comme le suggérait récemment Nicolas Baverez, serait une bien mauvaise direction à prendre.

Je ne suis pas naïf, et je sais que même notre langage ne peut pas tout changer du jour au lendemain. Mais je sais désormais combien les mots influencent le réel. « Rien ne se fait sans un peu d'enthousiasme », écrivait Voltaire. C'est pourquoi j'aimerais que vous imaginiez en conclusion à quoi ressemblerait un monde, votre monde, notre monde, dans lequel vous remplaceriez le mot souffrance par le mot plaisir. Honte par fierté. Démission par projet. Jalousie par travail. Tristesse par bonheur. Inquiétude par espoir.

Nul ne peut vivre sans perspectives, ni se lever sans un horizon à atteindre. Tout ira mieux à la minute où chacun d'entre nous se remettra à rêver grand, à faire des projets et à croire en son destin. Alors, vraiment, la France méritera durablement son statut de grande puissance. L'avenir nous tend les bras. Arrêtons de lui tourner le dos !

Cet ouvrage a été mis en pages
par JOUVE
1, rue du Docteur-Sauvé – 53101 Mayenne
N° 2142778E – Dépôt légal : janvier 2014